¡Simplemente Kasher!

Published by
Seven Treasures Publications
SevenTreasuresPublications@gmail.com
Fax 413-653-8797

Printed in the United States of America

ISBN: 978-0-9800707-1-2

¡Simplemente Kasher!

Elizabeth Portal

Espero que todos disfruten de las recetas aquí incluidas
y que descubran que al igual que la cocina judía
es maravillosa de tantas formas diferentes,
igualmente de maravillosas
son todas nuestras tradiciones judías
y nuestra sagrada Torá.

Elizabeth

Dedicado

A mí preciada familia y comunidad.

A mis queridos padres,
que gracias a ellos yo soy quien soy hoy en día.

A mis hijos,
quienes son el regalo más preciado que Hashem me ha dado.

A mi esposo,
quien ha sido mi apoyo en todo momento y situación;
quien ha dedicado una increíble cantidad de tiempo y dedicación
para realizar este libro de cocina.

Y por último y más importante,
aprovecho dedicar y agradecer a Hashem
por permitirme culminar este libro.

Contenido

Introducción   9

    Guía Amplia Sobre el Kashrut   9

    Tevilat Keilim   15

    Festividades Judías   16

    Bendiciones Sobre los Alimentos   20

Entradas   25

    Sopas   26

    Ensaladas   32

    Masas y Panes   54

Plato Principal   71

Acompañantes   121

Postres   143

Comida Láctea   189

Pésaj   209

Tabla de Substitución de Ingredientes   228

Tabla de Conversión de Medidas   229

La Separación de Jala   230

Índice   232

INTRODUCCIÓN

Hace muchos años atrás, alrededor de 14 años, cuando llegué a Chile, junto con mi familia, me invitaron para ofrecer clases de cocina Kasher.

En ese tiempo, era poco conocido en Chile, el concepto del Kashrut y por supuesto, como cocinar comidas simples, ricas y Kasher basadas en todas las normas que nos exige nuestra sagrada Torah.

Asi con el tiempo, nuestras clases de cocina fueron creciendo y teniendo mucho éxito, y del mismo grupo, nació la idea de juntar las recetas que hacíamos poco a poco y hacer un libro de recetas con éstas.

En realidad, ésta es la segunda versión de recetas que realizo, pues la primera la creé un año después de haberme casado, y la entregué a las personas más cercanas a mí.

Al llegar a Chile y ver la necesidad que existía de facilitar la cocina judía, decidí hacer y expandir ésta segunda edición.

Dentro de éste libro encontrarán recetas internacionales y de muchos diferentes tipos, por ejemplo, recetas de Venezuela, Estados Unidos, recetas judías tanto Sefaradies como Ashkenazis, orientales y otras, pues como he vivido en diferentes lugares y compartido con muchas clases de personas y de distintos lugares del mundo, entonces, uno se enriquece de ellas y comparte diferentes formas de cocinar.

Espero éste libro no solo les facilite la forma de preparación de las comidas Kasher, si no que también les ayude a aprender, crecer y llevar la acción del comer diariamente, a un nivel más alto, a un nivel más espiritual, acercándolas a Hashem cada día más.

EL KASHRUT

La palabra Kasher significa apto, propicio y correcto. La mitzvah del comer Kosher significa que los alimentos que consumimos son aptos y propicios para el consumo de un Yehudí.

La mitzvá de la observancia del comer Kasher transforma la comida en un vehículo de santidad, transformando a la cocina en un centro espiritual del hogar judío. Para la mujer judía, la cocina es como la tierra donde ella pone la semilla del judaísmo en su familia. Por medio del seguimiento de las normas dietéticas que la Torá nos dá, la mujer nutre el futuro del pueblo judío.

Las leyes de la Kashrut detallan los animales permitidos y prohibidos y describen la separación de leche y carne. La Kashrut acompaña a la persona durante todas las actividades de su vida, sea en su casa, el trabajo o comer afuera. Por medio de la observancia de la Kashrut, cada actividad asociada con la comida nos da la oportunidad de refinarnos espiritualmente.

Existen tres mitzvot especialmente dadas a la mujer judía. Estas son: La separación de la jalá; el encendido de las velas de Shabat y Yom Tov; y la observancia de las Leyes de Pureza familiar.

Estas tres mitzvot nos enseñan que nuestra misión como judíos es santificar y elevar cada día nuestras vidas, mediante el recuerdo activo de la existencia del Creador en cada actividad que hacemos.

Para las mujeres y los hombres, la empresa más importante en el judaísmo y en la vida es su hogar. Esta es la edificación construida por la mujer judía, no por medio de clavos y martillos, sino por medio de mitzvot, amor, sabiduría y Torá.

Por Qué Observamos el Kashrut?

Por mucho tiempo, la observancia de la Kashrut era la forma normal de vivir del pueblo judío. Nunca ellos se preguntaron por qué hay que observarla. Hoy en día, mucha gente siente ser muy judía, y no observan la Kashrut porque no saben las razones de ésta. Tampoco tienen la inquietud en saber o investigar el por qué y su significado. Al no entender, la sociedad moderna siente que es algo que sólo se aplica al pasado y no al mundo en que vivimos.

Nuestras mitzvot son órdenes Divinas; y es por esto que la verdadera razón de las mitzvot no puede ser comprendida completamente por el intelecto humano. Las hacemos porque Hashem nos las ordenó. No obstante, podemos nombrar algunas de las razones que nos ayudarán a entender y motivarnos así a cumplir las mitzvot de la Torá.

El judaísmo no es una religión, sino una forma de vida. Hasta las actividades más cotidianas del día, como es el comer, se llenan de santidad cuando las cumplimos según las leyes de la Torá.

Por medio del Kashrut, convertimos el mero acto de comer en algo espiritual. El comer Kasher es la dieta de nuestras neshamot (almas) y tiene el propósito de refinar y purificar a los judíos.

El judaísmo menciona el dicho que dice: "Somos lo que comemos" Qué quiere decir esto? Sabemos que la comida que comemos es absorbida por nuestro cuerpo y nuestra sangre. Las comidas que nos están prohibidas por la Torá, son aquellas que nos alejan de nuestra sensibilidad espiritual. Las aves de rapiña (caza) y animales carnívoros, tienen el poder de influenciar a la persona que las come agresivamente; y es por esto que nos están prohibidos. Para un judío, todos los alimentos que no son Kasher disminuyen nuestra sensibilidad espiritual. En consecuencia, reducen nuestra habilidad de absorber vívidamente conceptos de Torá y de las Mitzvot. Tanto la mente como el corazón son afectados.

La comida Kasher tiene un poder energético que da fuerza espiritual, intelectual y emocional a la neshamá (*alma*) judía; mientras que la comida que no es Kasher, provoca precisamente lo contrario. La dieta Kasher es la verdadera dieta sana para el alma; conteniendo los "nutrientes espirituales"necesarios para la existencia del pueblo judío.

BASES DEL KASHRUT

El observar la Kashrut es parte de la vida diaria del judío. Y el entender el funcionamiento de la Kashrut es necesario para poder observarlo en el hogar judío.

La comida Kasher está dividida en tres categorías: carne, lácteos y parve. Una de las bases de la Kashrut es la total separación de los productos lácteos de los productos de carne. Estos dos no deben ser comidos ni cocinados juntos. Para asegurar esto, la cocina Kasher tiene juegos de platos separados, cubiertos, ollas y áreas separadas para las comidas de carne y de leche.

La tercera categoría, parve, comprende comidas que no son ni de carne ni de leche; es decir, son neutras y por lo tanto pueden ser comidas con cualquiera de las dos (carne o leche). Veremos ahora detalles sobre las comidas de carne, leche y parve.

❖CARNE

Esta categoría incluye carne, aves y sus derivados, como los huesos, sopas y salsas. Cualquier comida hecha con carne o ave, o derivados de estos son considerados comidas de carne, llamadas fleishik (en Idish). Basta una pequeña cantidad de carne en una comida para considerarla fleishik.

Para que las carnes y aves sean consideradas Kasher deben cumplir con las siguientes condiciones:

-La carne debe venir de un animal que sea rumiante y que tenga la pezuña hendida. Como lo son las vacas, ovejas y cabras.

-Las aves Kasher son aquellas que nos fueron enseñadas como tales de generación en generación. La Torá nombra pormenorizadamente aquellas especies de aves que nos están prohibidas, las cuales incluyen todas las aves de rapiña. Ejemplos de aves Kasher son los pollos, pavos y patos.

-Las aves y animales deben ser faenados y examinados de acuerdo con nuestras leyes dietéticas por un shojet, el cual es una persona que está especialmente entrenada para faenar según las leyes de la Torá de la Shejitá.

❖ Lácteos

Todas las comidas derivadas de la leche o que contengan leche, son consideradas comidas lácteas o Miljik (en Idish). Esto incluye leche, mantequilla, yogurt y todo tipo de quesos (ya sean duros, suaves o cremosos). Para que los productos lácteos puedan ser considerados Kasher, deben tener las siguientes condiciones:

-Deben provenir de un animal Kasher

-Todos sus ingredientes deben ser Kasher y libres de derivados de carne. La mayoría de los productos lácteos que no son Kasher es porque tienen ingredientes de origen animal como lo son el yogurt, que a veces contiene gelatina o la mantequilla que puede tener aditivos que no son Kasher.

- Deben ser procesados en utensilios Kasher.

❖ Parve

Comidas que no son ni de carne ni de leche son llamadas parve. Esto significa que no tienen derivados ni de carne ni de leche, y que no han sido cocinados ni mezclados con carne o leche.

Ejemplos de comidas parve son: huevos, pescado, frutas, vegetales, granos, legumbres, jugos naturales, pastas, café, té y muchos dulces.

Aunque las comidas parve presentan menos problemas que las de carne y leche, existen varios puntos que debemos recordar:

-Las comidas parve pueden perder su status parve si son procesadas con utensilios de carne o de leche o si se les agrega algún aditivo.

-Las frutas, vegetales, legumbres y granos deben ser cuidadosamente revisados que estén libres de insectos.

-Los huevos deben ser revisados que no contengan ningún punto o trazo de sangre.

La Separación de Carne y Leche

Las comidas de carne y de leche no pueden ser cocinadas ni consumidas juntas. Uno no puede ni siquiera obtener beneficio alguno de la combinación de estos, como por ejemplo, vender comida que tenga carne y leche juntas, o dársela a un animal para alimentarlo.

Para asegurar la separación total de carne y leche, la cocina Kasher requiere tener juegos separados de utensilios, platos, ollas y accesorios para estas dos categorías. Los platos y las ollas, aunque sean esmaltados, absorben el sabor de los alimentos que se cocinan y sirven en ellos. También sería práctico tener algunos utensilios separados para las comidas parve.

Además no se permite lavar juntos, en un mismo lavaplatos, los platos para carne y para leche. Es conveniente tener dos lavaplatos, pero donde no hay estas facilidades se pueden utilizar bandejas, tablas o alfombras de metal, madera o goma, una para carne y otra para leche, que se colocarán en el fondo del lavaplatos, según las necesidades del momento.

La Espera Entre el Consumo de Carne y Leche

Las leyes de la Kashrut exigen que debemos esperar cierto tiempo entre el consumo de las comidas de carne y de leche.

-Después de comer productos lácteos, y antes de comer carne, es necesario comer algo parve, enjuagarse la boca y beber algo, después de haberse lavado las manos.

-Después de comer comidas de carne, es necesario esperar seis horas completas antes de comer algo lácteo. Las seis horas de espera es igual para todos los judíos, excepto aquellos grupos que tienen costumbres especiales establecidas en cuanto a esta halajá (ley).

Para aquellas personas que tienen dietas especiales y para niños menores de nueve años debemos consultar a un rabino ortodoxo. Y si no hay ningún problema en especial, es bueno entrenar a los niños desde chicos en la práctica de esperar cierto tiempo entre las comidas de carne y leche.

Si un pedazo chico de carne es encontrado entre los dientes, es necesario sacárselo y enjuagarse la boca. No es necesario esperar tiempo adicional aunque las seis horas de rigor después de comer carne hayan pasado.

-Si alguien probó una comida, y se la saca inmediatamente de la boca antes de ser masticada o tragada, no tiene que esperar el tiempo requerido; sólo debe enjuagarse la boca.

Servicio de Comidas Parve

Las comidas parve pueden ser servidas ya sea con comidas de carne o leche.

Hay gente que tiene un juego completo de utensilios parve, incluyendo ollas, cuchillos, etc. que son siempre lavados separadamente de los utensilios de carne y leche.

Si una comida parve es cocinada o mezclada con productos de carne o leche, ésta se convierte respectivamente de carne o de leche, y todas las leyes pertenecientes a las comidas de carne o leche deben ser aplicadas, incluyendo la espera entre comidas.

Si la comida parve tocó una comida de carne o leche, basta con lavarla para que no pierda su estado parve. Eso sí, siempre y cuando las dos comidas que se tocaron estaban a temperatura ambiente, y si no era una comida picante y fuerte como lo son las cebollas, limones o pepinos encurtidos. Si nos es imposible lavarla, uno debe cortarle la superficie que estuvo en contacto con la otra comida.

El Cocinar Comidas Parve en Utensilios de Carne o Leche

Cuando cocinamos una comida parve en un utensilio limpio de carne, uno debe servir esta comida en platos de carne. No es necesario esperar seis horas antes del consumo de comidas lácteas. Lo mismo se aplica si cocinamos la comida parve en utensilios limpios de leche, debemos servirlos en platos de leche y por supuesto no es necesario esperar antes de ingerir comidas de carne.

Debemos tener en cuenta que si los utensilios donde uno prepara comida parve fueron usados para cocinar comidas de carne y lavados con agua caliente dentro de un período de 24 horas, es decir, si uno cocinó una comida de carne y al día siguiente, en menos de 24 horas usa esa misma olla para cocinar algo parve, esta comida parve se convierte en comida de carne y no puede ser consumida junto con lácteos. Pero la espera antes de comer lácteos no es necesaria.

COMIDAS PARVE FUERTES O PICANTES

Al usar comidas fuertes y picantes como son las cebollas, ajos, limones y pepinos encurtidos, pueden ellas cambiar su estado parve dependiendo de con qué fueron preparadas. Si estas comidas picantes y fuertes fueron cortadas con un cuchillo de carne, éstas se convierten en carne y no deben ser usadas con comidas lácteas; y viceversa.

TEVILAT KEILIM – INMERSIÓN DE UTENSILIOS

La mesa judía es comparada con un Mizbeaj (altar), y su santidad con la del Beit Hamikdash (sagrado Templo). Antes de que usemos platos y utensilios en la cocina judía, es necesario que pasen por un procedimiento de purificación. Este procedimiento es llamado Tevilat Keilim y consiste en sumergir los utensilios en una piscina de aguas naturales llamada mikve. La mikve es una piscina construida especialmente que está conectada a una fuente de agua de lluvia. Los utensilios pueden ser sumergidos también en otros lugares de agua natural como por ejemplo el océano o el mar.

Los objetos que deben ser sumergidos en la mikve son aquellos que fueron fabricados por no judíos. Aquellos objetos que fueron usados sin haber sido sumergidos también hay que hacerles tevilá, después de haber sido bien limpiados y Kasherizados, si fuera necesario.

Antes de ser sumergidos es necesario remover cualquier cuerpo que pueda separar el agua de la mikve de la superficie del objeto. Por ejemplo: tierra, polvo, pegamento, etiquetas, calcomanías y precios. Con una esponja de metal o acetona se pueden remover cualquier rastro indeseado que pudieran tener.

Los tipos de objetos que necesitan ser sumergidos son aquellos hechos de metal o vidrio del cual uno come, bebe, cocina, fríe, hornea o calienta agua para beber. Por ejemplo: Objetos de porcelana, cubiertos de plata o metal, ollas, sartenes, moldes de queques, cafeteras y las partes que vienen con la batidora de mano o licuadora que tienen contacto directo con la comida.

Todos estos requieren una Brajá (bendición) al ser sumergidos. Y si uno sumerge varias cosas al mismo tiempo sólo es necesario decir una vez la Brajá. Ésta es la siguiente: BARUJ ATÁ ADO - NAI ELO- HEINU MELEJ AOLAM ASHER KIDESHANU BEMITZVOTAV VETZIVANU AL TEVILAT KELI (KELIM en plural).

Bendito eres Tú, D-s nuestro, Rey del Universo, que nos ha santificado con Sus preceptos, y nos ha ordenado el sumergir el utensilio (los utensilios).

Los utensilios hechos de plástico son sumergidos dependiendo de qué tipo de plástico estén hechos. Por lo tanto, es preferible sumergirlos sin decir la bendición.

Utensilios que no necesitan Tevilá son aquellos hechos de madera, papel, hueso, utensilios desechables como los vasos y platos plásticos (que no están hechos con el propósito de larga vida y que se desechan normalmente después de su uso).

La inmersión de utensilios puede ser hecha por un hombre o mujer, de día o de noche. Sólo en Shabat y Yom Tov no se puede hacer.

Un Viaje Alrededor del Año Judío

Las festividades judías que celebramos durante el año, nos enriquece tanto en la forma física como espiritual.

Cada festividad tiene su propio tema, mensaje y experiencias que nos llena de belleza y orgullo sobre nuestro legado judío.

Cada festividad es honrada con deliciosas comidas, ropas especiales, canciones, mitzvot y rezos. La mesa judía complementa y completa nuestro servicio hacia Hashem.

Las festividades judías especificadas en la Torah, son santificadas por medio del encendido de las velas, el Kidush y una comida festiva.

En cada festividad hubo un evento especial donde actuó Hashem con sus fuerzas Divinas; y cada vez, cada año, en cada festividad y por todas las generaciones que las celebramos, esas fuerzas divinas son renovadas y nos influencian de una gran forma especial.

Shabat

Preparaciones y arreglos especiales se hacen para el día más importante de la semana: Shabat.

Es la mujer la que crea la atmósfera de Shabat. Algunas de las preparaciones que hacemos son: Brillantes candelabros, flores frescas, una casa limpia, mantel blanco sobre la mesa, y una comida festiva. En Shabat, cada judío se convierte en un rey. El Shabat nos ayuda a cambiar nuestro ritmo de cada día laboral, para renovar nuestras relaciones por medio de compartir y disfrutar con nuestras familias y amigos. Cuando la madre extiende sus manos y enciende las velas de Shabat, genera santidad, felicidad y paz en su hogar.

El Shabat comienza con las oraciones de Kabalat Shabat que instalan el regocijo en el hogar judío, junto con la bendición paterna a los hijos. Durante todo el Shabat los judíos cantan, en la Sinagoga o en el hogar, creando un espacio de bondad, entrega y despreocupación. El Shabat se despide con una ceremonia llamada Havdalá, cuando las estrellas aparecen en el cielo. Entonces se sirve la mesa como despedida de la Reina Shabat, cena popularmente denominada Melavé Malká (el cortejo de la Reina).

Hay comidas especiales para Shabat. Además la mesa de Shabat debe ser puesta no con una, sino con dos jalot. Las dos jalot simbolizan las dos obligaciones dadas a Israel de Recordar el Shabat y Santificarlo (Shamor veZajor). También representan la doble porción de maná (alimento celestial) recibida en el desierto en víspera de Shabat.

El Cholent, una cazuela de cereales, legumbres, carne y papas es cocinada durante toda la noche para el almuerzo del Shabat. Sopa de pollo, kishke y kuguel son también algunas de las comidas especiales de Shabat.

ROSH HASHANÁ

En el mes de Tishrei, el primer mes del año nuevo, los diez primeros días son los llamados Diez Días de Arrepentimiento. Estos diez días empiezan con Rosh Hashaná. Este es un momento de sobrecogimiento, introspección, reflexión y auto evaluación. Con platos especiales, una mesa festiva y velas encendidas, nosotros damos la bienvenida al año nuevo.

La miel es uno de los ingredientes más importantes en la mesa de Rosh Hashaná. La jalá y pedazos de manzanas son sumergidos en la miel para pedir la bendición de un año dulce. La Jalá es horneada en forma de círculo, la cual simboliza vida, felicidad y bondad. En la segunda noche, se bendicen los primeros frutos de la cosecha de la estación que aún no han sido probados sumergiéndolos en miel. La bendición de Shejeyanu es dicha sobre estos. El saludo especial de esta fiesta, no es sólo un saludo sino que una bendición convencida: Leshaná Tová Tikatevu: que seas inscrito para un buen año.

YOM KIPUR

El diez de Tishrei es el día más sagrado del año judío. Es llamado Shabat Shabatón, el Shabat de los Shabatot. Es un día completamente dedicado a las necesidades espirituales. El ayuno de 24 horas nos ayuda a concentrarnos en nuestras tefilot (rezos) y necesaria auto evaluación.

En la víspera la comida que se prepara antes de que se ponga el sol debe ser simple y liviana para que el ayuno sea más fácil. Una comida tradicional antes de Kol Nidré, incluye sopa de pollo con kreplaj de carne. La carne envuelta en la masa simboliza justicia, y la masa suave que la rodea simboliza piedad. Es común servir pollo como plato principal. Al finalizar el Yom Kipur, es costumbre servir una comida liviana de lácteos para romper el ayuno.

En este día del año, el judío intenta recibir un espíritu de santidad que permanezca con él durante todo el año, para que influencie positivamente tanto en sus pensamientos como en sus acciones.

SUCOT

Sucot es la fiesta de las cabañas que empieza cinco días después de Yom Kipur. Las sucot son frágiles cabañas que los judíos armaron durante su largo viaje desde Egipto hasta la tierra prometida. El construir una sucá es una gran mitzvá, y actividad familiar, pues ésta una fiesta en que se ofrece mucha hospitalidad. Es tradición invitar gente para unirse en la mitzvá de comer en la sucá. El gulash, repollo relleno y strudel son algunos de los platos tradicionales de esta fiesta. El etrog y el lulav son bendecidos en la sucá y en la sinagoga. Ellos son movidos en todas las direcciones, recordándonos que D-s gobierna en todo el universo.

JANUCA

Empezando el 25 de Kislev, durante ocho días, el hogar judío es iluminado con el brillo de la Janukiá. La Janukiá es encendida cada noche con sus respectivas bendiciones y los niños reciben regalos de januca.

La comidas tradicionales de Januca son latkes de papa, berlines y otras comidas fritas en aceite, para así recordar el milagro que ocurrió con el aceite. Muchos juegos usan el sevivón o dreidel. Las letras del sevivón explican el significado de la fiesta de las Luces: Nes Gadol Ayá Sham- Un gran milagro ocurrió allá. Celebramos Januca para conmemorar la victoria de los Macabeos sobre nuestros enemigos cuando los primeros recuperaron el templo de Jerusalén desmantelado por los griegos. Ellos encontraron intacto un frasco de aceite con el sello del sumo Sacerdote (Cohen Gadol). Con él encendieron la Menorá, que alumbró durante ocho días, pese a que el aceite sólo debía permitir un día de luz.

PURIM

La fiesta de Purim se celebra el décimo cuarto día del mes de Adar. Hay fiestas, máscaras, y banquetes celebrados con las orejas de Hamán u Oznei Hamán, el cual representa el sombrero del malvado Hamán. Los regalos llamados Mishloaj Manot, son comidas listas que se envían en este día.

Purim recuerda el sorteo que realizó Hamán para determinar en qué día y en qué mes exterminaría a los judíos de Persia. Ésta es una de las fiestas que rodea a la mujer. Una mujer, llamada Ester es la heroína. Es una historia de lealtad y coraje. Esta nos asegura que aunque exista opresión y anti-semitismo, al final el tirano será destruido.

PESAJ

La fiesta de Pésaj se celebra desde el quince hasta el veintidós del mes de Nisán. En Pésaj conmemoramos la liberación de los israelitas de la opresión de los egipcios, y se proclama que cada persona tiene el derecho a la libertad. La palabra "Pésaj", indica el salto del ángel de la muerte durante la última plaga en Egipto, dejando intactos a los hogares de los israelitas.

Hay muchas preparaciones que hacer en el hogar para la festividad de Pésaj. Es el momento en que hacemos una limpieza profunda de la casa y cambiamos todos los platos y utensilios de cocina por aquellos que sólo usamos para Pesaj. El Jametz, comida leudada, (de proveniencia de los cinco cereales que nombra la Torá) ,es sacada antes de que empieza la festividad. La noche anterior a la víspera de Pesaj, el padre con toda la familia hacen la Bedikat Jametz, la búsqueda del Jametz.

Comemos entonces matzá durante los ocho días de Pésaj. Existen muchas otras comidas tradicionales de Pésaj: El Jaroset, las bolitas de matzá, Guefilte Fish y diferentes queques con sólo harina de matzá son algunas de ellas.

Muchas familias tienen sus propias tradiciones para el Séder. Pésaj es otra de las fiestas que su foco es el hogar. Tanto familiares como amigos se reúnen participando en el Séder, en la comida festiva concluyendo con la declaración de esperanza de nuestro pueblo: Que el próximo año sea en Jerusalén.

SHAVUOT

"Anda donde las mujeres primero" D-s le dijo a Moshé¨. Acostúmbralas con los principios del judaísmo. Ellas los aceptarán, y luego los hombres seguirán" Este midrash reconoce sabiamente que es la mujer quien pone las pautas en la educación de su familia.

Shavuot es la "Fiesta de las Semanas", en alusión a las semanas que median entre Pésaj y Shavuot. Shavuot es el "cumpleaños" de la Torá, el día en que Moshé bajó con las leyes de la Torá del Monte Sinai. El momento de la entrega de la Torá se recuerda toda la noche leyendo y estudiando pasajes de Tanaj, talmúdicos y de otros libros. El objeto de esta lectura nocturna es mantenerse despiertos para la entrega de la Torá como una forma de recibirla. Comidas lácteas como por ejemplo quesos, panqueques o blintzes y dips son ingeridos en honor a las leyes que son comparadas con leche y miel. En su dulzura el libro de Rut es leído en la sinagoga, el cual nos enseña la gran devoción y afección hacia Naomi: "A donde tú vayas, yo iré, tu pueblo será mi pueblo y tu D-s, mi D-s". Rut, la moabita, se convirtió al judaísmo y de ella desciende El Rey David, quien precisamente nació y murió en Shavuot.

BENDICIONES SOBRE LOS ALIMENTOS

"Bendito seas, oh Eterno, nuestro D-s, Rey del Universo"....Que extraes pan de la tierra....Que creas todo tipo de alimentos....Que creas el fruto de la vid....del árbol,....de la tierra y que por tu palabra todo existe.

Estas son las palabras que recitamos antes de comer cualquier tipo de alimento, expresando así gratitud al Creador por todas las bendiciones que nos ha dado y por darnos sustento.

Estas bendiciones son el reconocimiento de que la tierra y todo lo que en ella hay, pertenecen a D-s. Después de reconocer este hecho, podemos entonces disfrutar de la abundancia y riquezas de la tierra.

Estas bendiciones no son sólo palabras, sino que son una parte esencial de nuestro servicio espiritual. Al decir una bendición, es el momento oportuno para meditar en la grandeza de D-s como proveedor y Creador. Este momento, representado por medio de decir la bendición, transforma la actividad común de comer en un acto Santo.

Existen seis tipos diferentes de bendiciones correspondientes a las seis diferentes categorías de alimentos. Estos corresponden a la categoría de bendiciones llamada Bircat Aneenim (bendiciones de placeres) que decimos antes de obtener algún placer físico de la creación de D-s.

A los niños, desde el momento en que son suficientemente capaces de hablar, les enseñamos las bendiciones sobre los alimentos. De esta forma, sembramos en ellos el sentido de apreciación de la grandeza de D-s.

Después que comemos, debemos también recordar a D-s como la más grande fuente de nuestro sustento, como está escrito en la Torah (Deuteronomio 8:10) "Y comerás, y te saciarás y bendecirás a Hashem, tu D-s, por la buena tierra que te ha dado.

Este mandamiento fue dado a los judíos antes de que entraran a la tierra de Israel, después de haber deambulado por el desierto, donde D-s los alimentó con el milagroso Maná.

Aún en momentos de gran prosperidad cuando podemos ser tentados en creer que nuestra riqueza proviene sólo de nuestro esfuerzo, somos recordados por medio de las bendiciones al no olvidar la misericordia Divina.

BENDICIONES ANTES DE COMER

Antes de consumir cualquier alimento, una Berajá Rishona (bendición primaria) es recitada.

Existen seis diferentes tipos, y cada una empieza con las mismas palabras = BARUJ ATA....MELEJ AOLAM, Bendito seas, oh Eterno, D-s nuestro, Rey del Universo y se concluyen con unas palabras adicionales relacionadas con el tipo de alimento que va a ser consumido.

A continuación ofrecemos la fonética y traducción de cada bendición, con ejemplos de algunos alimentos a los que sé aplica cada bendición.

1) Baruj.... Hamotzi Lejem min haaretz. Bendito seas, oh Eterno, nuestro D-s, Rey del Universo que extraes pan de la tierra.

Ejemplos = Panes, baguels, jalá, matzá, pita que estén hechos de cualquiera de los siguientes granos: trigo, cebada, espelto, avena y centeno.

NOTA - a veces los baguels, pitas o algunos panes son mezonot cuando la proporción de líquidos mezclados (huevos, aceite, margarina, jugo, miel, etc.) es mayor a la cantidad de agua, que fue añadida a la masa.

2) Baruj.... Bore Minei Mezonot

Bendito....que creas todo tipo de alimentos.

Ejemplos = tortas, cereales, galletas, berlines, queques, pastas, etc. si fueron hechos con uno o más de los 5 granos mencionados anteriormente.

3) Baruj.... Bore Peri Hagafen. Bendito.... que creas el fruto de la vid.

Ejemplo = Vino y jugo de uvas.

4) Baruj.... Bore Peri Ha'etz. Bendito que creas la fruta del árbol.

Ejemplo = todas las frutas de árboles permanentes como ejemplo las manzanas, naranjas, duraznos etc. Y aunque estas frutas estén secas, también las uvas, pasas, nueces, almendras, etc. El maní no, pues es una legumbre.

5) Baruj.... Bore Peri Ha'adamá. Bendito.... que creas la fruta de la tierra.

Ejemplo = los vegetales y verduras de la tierra, el maní, legumbres y algunas frutas como los plátanos, melones y piñas.

6) Baruj.... Shehakol Niiya Bidvaró. Bendito que por tu palabra todo existe.

Ejemplo = dulces, productos lácteos, huevos, pescados, bebidas, carnes, champiñones y todo lo que no está incluido en las otras 5 bendiciones.

NOTA - Estas bendiciones se aplican a los alimentos en su forma básica. Si ellos han cambiado porque han sido procesados o combinados, la bendición puede cambiar.

Leyes Básicas Sobre Las Bendiciones:
Una bendición es necesaria decirla aunque comamos una pequeña cantidad de comida.

- Antes de recitar la bendición, uno debe de saber cuál es la bendición correcta que va a decir.

- La comida sobre la cual se va a bendecir debe ser tomada en la mano derecha (si la persona es diestra).

- No debe uno hablar o hacer una interrupción desde el momento en que empezó a decir la bendición hasta que trague su primer bocado.

- Como el nombre de D-s es mencionado en cada bendición y es sabido que nos está prohibido decir el nombre de D-s en vano, no debemos decir una bendición innecesariamente. Pero cuando le enseñamos a los niños las bendiciones uno puede pronunciar el nombre de D-s si es necesario.

- Debemos contestar "Amén" inmediatamente después de haber escuchado una bendición dicha por otra persona (no después de haberla dicho uno mismo).

- La bendición del Shehejeyanu es una bendición especial ocasional:

Baruj.... Shehejeyanu, Vekiyemanu, Vehiguiyanu Lazeman Ha'ze. Bendito.... que nos preservaste, sustentaste y nos permitiste llegar a esta estación.

Esta bendición es recitada la primera vez de cada año, cuando comemos una fruta o vegetal que es de la estación, que sólo crece en cierto momento del año. Por ejemplo: los kiwis, higos, dátiles, granadas, cerezas, melones, frutillas, etc. Esta bendición es dicha antes de la bendición regular de la fruta.

También se dice el Shehejeyanu cuando hacemos una mitzvá por primera vez durante el año, como por ejemplo: al encender las velas de Jánuca, al leer la Meguilá de Purim, al tomar el Lulav y Etrog en Sucot.

Una Comida con Pan

Es importante destacar que antes de comer pan es necesario lavarse las manos de una forma ritual. Para poder hacerlo, las manos deben de estar completamente limpias y libre de anillos ó cosas que puedan interferir entre el fluido del agua y los dedos.

Es preferible usar una vasija con dos manillas, pero si no la hay, cualquier vasija puede ser usada. Primero el agua es vertida sobre la mano derecha, 2 ó 3 veces de a cuerdo a la costumbre de uno y luego se vierte sobre la mano izquierda el mismo número de veces. Si uno va a consumir 61 grms. de pan, decimos la bendición.

Baruj.... Asher Kideshanu Bemitzvotav Vetzivanu al Netilat Yadaim. Bendito.... que nos Santificaste con tus mandamientos y nos ordenaste lo concerniente al lavado de manos.

Entonces nos secamos las manos, y después de secadas, decimos la bendición de Hamotzi sobre el pan. No podemos hablar o distraernos entre el lavado de manos y el decir la bendición.

Al concluir una comida en la que se consumió por lo menos 28 gramos de pan, decimos el Bircat Hamazón.

Entradas

SOPA DE PORRONES O PUERROS

3 ramas de porrones o puerros
3 papas picadas
1 cebolla mediana
2 cúbitos de sopa sabor a pollo
sal

Cocinar las papas, la parte blanca de los porrones, la cebolla, los cubitos de sopa con la sal hasta que estén todos los vegetales suaves. Pon la mezcla en la licuadora y sirve caliente.

SOPA DE BERROS

1/2 taza de aceite
1/2 cebolla picada
los tallos de un atado de berros
6 tazas de caldo de carne
3 cucharadas de chuño
1/2 taza de agua fría

En una sartén saltea la cebolla y los tallos de los berros con el aceite. Ponlos en una olla con las 6 tazas del caldo y cocina por 15 minutos hasta que los tallos estén tiernos. Licúalo y cuélalo. Disuelve el chuño en la 1/2 taza de agua fría y agrégalo al licuado de berros. Cocínalo hasta que espese. Sirve caliente.

SOPA DE COLIFLOR

2 cucharadas de margarina
1 cucharadita de aceite de oliva
1 cebolla mediana
3 dientes de ajo
2 papas
1 rama de apio
1 coliflor grande
agua para cocinar
1 cucharada de sal
1 cúbito de sopa parve

Derrite la margarina en una olla. Agrega el aceite, la cebolla y los ajos. Agrega las papas, el apio y la coliflor. Cúbrelos con agua. Agrégales las especies y cocínalos hasta que la coliflor esté suave, más o menos 40 minutos. Saca el apio y bótalo. Pon toda la sopa con la coliflor en la licuadora hasta que todo quede cremoso. Sirve caliente. No olvides revisar bien el apio y la coliflor que estén libres de insectos antes de cocerlos.

CREMA DE ZANAHORIA

7 zanahorias grandes peladas
1 papa grande (opcional)
5 1/2 tazas de agua
2 cucharadas de caldo sabor
de verduras o pollo (parve)
1 cebolla grande en cuadritos, frita
1 taza de crema Rich's (non dairy creamer)
1/8 cucharadita pimienta
sal a gusto

Poner las zanahorias y papa en una olla con agua para cocinarlas hasta que estén blandas. Cuando ya están cocidas, poner las verduras en una juguera y líquido de cocción, moliéndolo junto con la cebolla frita. Verter en olla. Agregarle la crema Rich's, pimienta, sal y cubito de sopa. Agregar más agua si fuera necesario para obtener la contextura deseada. Servir caliente con crutones.

SOPA DE POLLO (I)

1 pollo
sal y pimienta a gusto
12 tazas de agua, aproximadamente
2 zanahorias cortadas
2 cebollas cortadas
1 apio cortado en pedazos
3 porrones
1 camote cortado en pedazos
3 zapallos cortados en trozos

Corta el pollo en trozos. Condimenta con sal y pimienta. Colócalo en una olla al fuego, con agua y el resto de los ingredientes. Cocina por 2 horas. Si es necesario, agrégale más agua. Cuando esté listo, refrigéra la sopa por unas horas y sácale la grasa que flotará en la superficie y calienta la sopa antes de servir.

SOPA DE HABAS

1 kg. de carne de vacuno en cubos
1 kg. de habas verdes
3 ó 4 papas
1 cucharadita de pimienta blanca
1/4 cucharadita de cúrcuma
2 ó 3 troncos de apio
3 ó 4 litros de agua
2 cebollas
2 zanahorias
sal a gusto

Pela y lava las verduras. Córtalas en cubitos. Desgrana las habas y retira el pellejo de éstas. Cocina las habas en una olla junto con la carne y verduras en agua. Cuando las verduras estén tiernas, ponlas en la licuadora. Luego devuélvelas a la olla. Agrega los condimentos y agua necesaria para obtener la consistencia deseada. Cocina por media hora.

SOPA DE LENTEJAS (I)

1/4 de taza de aceite de oliva
1 cebolla grande picada
2 dientes de ajo picados
1 tallo de apio picado
1 zanahoria cortada
1/2 kg. de lentejas
2 1/2 litros de caldo de pollo

1 hoja de laurel
1 cucharada de perejil
1 cucharadita de comino
1/4 cucharadita de tomillo
1/4 cucharadita de pimienta
1 pizca de azafrán
1 cucharadita de sal
el jugo de un limón

En una olla grande calienta el aceite y saltea la cebolla y el ajo hasta que se ablanden. Agrega el apio y la zanahoria y cocina por 5 minutos. Agrega las lentejas, el caldo, la hoja de laurel, el perejil, el comino, el tomillo, la pimienta y el azafrán. Tápala y cocina a fuego lento por una hora aproximadamente, (hasta, que las lentejas se ablanden). Agrega la sal y el jugo de limón. Sirve caliente. Si deseas una consistencia mas suave, pásala por la licuadora.

SOPA FRANCESA DE TOMATE

3 cucharadas de aceite
3 cebollas grandes, finamente
    rebanadas
1 cucharada de azúcar
1 cucharadita de tomillo
2 cucharadas de orégano
2 hojas de laurel
4 dientes de ajo molidos
2 latas de concentrado de
    tomates, diluida en 8 tazas de
    agua o

La combinación de 4 tazas de
    tomates naturales licuados
    con 1 lata de concentrado de
    tomates diluida en 4 tazas de
    agua
2 cucharadas de cubito de
    verduras en polvo (opcional)
Sal y pimienta a gusto

En una olla calienta el aceite y dora las cebollas junto con el ajo. Agrega la salsa de tomate diluida en el agua o tomates licuados, con el resto de todos los ingredientes y revuélvelos bien. Cubre la olla y cocina por 30 minutos revolviéndola ocasionalmente. Retira las hojas de laurel antes de servir. Sírvela sola o con crutons.

SOPA DE LENTEJAS (II)

1 taza de lentejas
3 dientes de ajo molidos
1 cebolla chica
1 pimentón verde chico
3 papas
1 zanahoria (opcional)
2 cucharadas de concentrado de tomates
sal
agua

Remoja las lentejas desde la noche anterior en agua o por lo menos 3 horas antes de cocinar.

En una sartén sofríe los dientes de ajo con la cebolla y el pimentón hasta dorar. Agrega las lentejas con el concentrado de tomates, la sal y el agua hasta cubrir. Cocina hasta que las lentejas se ablanden (aproximadamente 1 hora).

SOPA DE PAPAS

3 papas medianas
1 porrón
perejil y apio a gusto
1 cucharadita de sal
1 cebolla picada y dorada en aceite

Corta las papas en rebanadas y cocínalas en 2 litros de agua con la sal, el apio, el perejil y el porrón. Cuando estén blandas, sácalas y haz un puré. Desecha el porrón y pon el puré junto al agua de la cocción y demás ingredientes. Agrégale el agua necesaria para obtener la consistencia deseada. Sírvela con la cebolla caliente.

SOPA DE POLLO (II)

1 pollo trozado
4 zanahorias rebanadas
2 ramas de apio
1 cebolla completa, sin cortar
2 cucharadas de caldo de pollo
2 cucharaditas de azúcar
sal
pimienta
ajo en polvo
cebolla en polvo
1/4 cucharadita de eneldo

En una olla pon el pollo con los vegetales cubiertos de agua. Cuando hiervan, bájale el fuego y agrega los condimentos. Cocina tapado por 1 1/2 horas. Si hace falta más caldo, agrégale agua. Al dejarlo enfriar, verás que la grasa del pollo sube. Quita toda esta grasa residual con una cuchara. Sirvela caliente.

CREMA DE VEGETALES

Es muy fácil de preparar y deliciosa con crutones
1 o 2 pedazos de zapallo (*calabazas*)
3 zanahorias
2 zapallos italianos
1 bolsa de espinaca (opcional)
4 cúbitos de sopa parve
1 cucharada de sal

En una olla pon los vegetales cortados y cúbrelos con agua. Hiérvelos hasta que se pongan suaves, (más o menos 40 minutos). Sácalos de la olla y ponlos en la licuadora con el agua de cocción hasta que todo quede bien líquido. Devolver a la olla, echar los cúbitos de sopa y poner la sal y mas agua según tu gusto. Servir caliente.

ENSALADA DE PASTA

1 - 1 1/2 tazas de pasta a elección (corbatas, caracoles, etc.)
1 pimentón verde, en cubitos
1 cucharadita de sal
1/2 cebolla, en cubitos
1 cucharadita de ajo en polvo
1 pizca de pimienta
1 cucharadita de azúcar
3 - 4 cucharadas de mayonesa

Cocina la pasta en agua hirviendo. Una vez lista cuélalas. Pon en un bol con el resto de los ingredientes, agregando o disminuyendo los condimentos según tu gusto. Mezcla bien. Servir frío.

PASTA DE "HIGADO" PARVE

1 berenjena grande
1/2 taza de harina de matzá
1 cebolla mediana
3 huevos duros
1 cucharadita de sal
1 pizca de pimienta negra

Corta la berenjena en ruedas, échales sal y déjalas en un colador por 30 minutos. Pasa cada rodaja por harina de matzá y fríe en una sartén con aceite hasta dorar. Poner sobre papel absorbente. Muele todos los ingredientes en un procesador de alimentos, mezcla bien y refrigera.

TOMATES MARINADOS

6 a 8 tomates
1/2 taza de aceite
1/2 taza de vinagre
1/2 cucharadita de sal
2 cucharaditas de orégano
1/2 cucharadita de pimienta negra
1/2 cucharadita de mostaza
2 dientes de ajo molidos
1/2 tazas de cebollas cortadas finamente

Rebana los tomates y ponlos en un bol. Mezcla el resto de los ingredientes bien. Vierte ésta salsa sobre los tomates y déjalos marinar cubiertos en el refrigerador hasta el día siguiente.

ARENQUES A LA RUSA

3 filetes de arenque
2 papas cocidas cortadas en cúbitos
4 remolachas cocidas cortadas en cúbitos
1 pepino encurtido
1 cebolla picada
2 cucharadas de vinagre de vino
2 cucharaditas de azúcar
1 taza de crema ácida

Cortar los arenques en pequeños trozos y mezclarlos con los demás ingredientes. En caso de no tener arenques se pueden sustituir por sardinas españolas o jurel.

ARENQUES MARINADOS

2 filetes de arenque, sardinas españolas o jurel
1 taza de vinagre de alcohol
10 gr. de pimienta negra
5 clavos de olor
5 hojas de laurel
10 cebollas chicas

Toma los arenques salados y déjalos en remojo 1 ó 2 días, cambiando varias veces el agua. Lávalos y colócalos en un recipiente de vidrio. Cúbrelos con vinagre y agrega los granos de pimienta negra, los clavos de olor, las hojas de laurel y las cebollas chicas. Mezcla las lechas con un poco de vinagre y machácalas hasta formar una salsa. Vierte la salsa sobre los arenques y mueve el recipiente para que se mezcle todo en forma pareja. Tapar y dejar en un lugar fresco para que repose 1 ó 2 días antes de consumirlos.

COLESLAW
(ENSALADA DE REPOLLO)

1/2 repollo
1 ramita de cebollín
2 zanahorias ralladas (opcional)
1 cucharadita de vinagre
3 o más cucharadas de azúcar según tu gusto
1 pizca de sal
4 o más cucharadas de mayonesa

Revisar el repollo y los cebollines que estén libres de insectos. Ponerlos en un procesador de alimentos o si no córtalos bien chicos. Ponlos en un bol y agrega el resto de los ingredientes. Agrega más mayonesa si se ve seca. Servir frío.

PASTELES DE VEGETALES

1 1/2 tazas de agua
3/4 taza de aceite
1 1/2 tazas de harina
6 huevos

Relleno:
1 pimentón verde a cubos
500 grms. de champiñones cortados
2 cebollas cortadas a cuadritos
2 tomates a cubitos (opcional)
sal
pimienta

Precalienta el horno a temperatura alta.
En una olla, calienta el agua con el aceite y déjalos hervir. Reduce el fuego a la temperatura mínima y echa toda la harina. Revuelve vigorosamente hasta formar una pelota. Retira la olla del fuego y vierte cada huevo revolviendo con una cuchara. Continua revolviendo hasta que la mezcla este suave.
En una bandeja para el horno, has pelotas de 2 a 3 cucharadas de masa cada una. Ponlas en el horno por 40 minutos aproximadamente, hasta que se doren. Dejar enfriar.

Relleno: en una sartén pon un poquito de aceite y sofríe todas las verduras juntas por 15 minutos aproximadamente. Agrégales sal y pimienta a gusto.
Para servir, hasle a las pelotas un corte de cruz en el centro y rellena con las verduras. Servirlos calientes.

FALAFEL (I)

250 gr. de garbanzos
1/2 taza de cebollín picado
1/4 de taza de perejil (revisados que estén libre de insectos)
2 dientes de ajos machacados
1 cucharada de sal
1 cucharada de comino
1 cucharadita de pimienta
aceite para freír

Deja los garbanzos en remojo por 24 horas. Escúrrelos y pásalos por la máquina de picar. Agrega todos los ingredientes y haz bolitas de 4 cms. de diámetro. Fríelos en aceite bien caliente. Sírvelos con pan árabe (pan pita), ensalada de tomate, pepino y tehina.

FALAFEL (II)

1 taza de garbanzos
3 dientes de ajo
3 ramas de cebollín o 1 cebolla
1/3 taza de perejil
3 cucharadas de cilantro
1 cucharadita de sal
1/2 cucharadita de comino
1/2 cucharadita de bicarbonato de soda
1/4 cucharadita de pimienta
2 cucharadas de harina
aceite para freír

Lava los garbanzos y remójalos en agua que los cubra durante toda la noche. En un procesador de alimentos, pica el ajo, agrega los garbanzos, la cebolla, el perejil y el cilantro. Moler bien. Agrega la sal, el comino, la soda, la pimienta y la harina. Mezcla bien y deja reposar por 15 minutos. Hacer pequeñas bolitas y freír en aceite caliente hasta dorar. Dejar sobre papel absorbente para que drene un poco el aceite. Servir como relleno de pan pita con lechuga, tomate picado, pepino y tehina.

GUACAMOLE

2 paltas maduras
2 tomates cortados en cuadritos
1 cebolla chica rallada o cortada en cuadros chicos
2 cucharadas de jugo de limón
1 cucharadita de sal
2 dientes de ajo molidos
comino

Pela las paltas, quita el cuesco y guárdalo. En un bol, aplasta la palta haciendo un puré. Agrega los tomates, la cebolla y el resto de los ingredientes. Agrega más sal y limón, si deseas, y mezcla bien. Refrigerar cubierto. Si no lo vas a usar inmediatamente, pon el carozo en la mezcla, (esto evita que la palta se ponga café). Es un excelente acompañamiento para el pan, galletas saladas o tacos (tortillas de maíz).

BABAGANUSH (I)
(CREMA DE BERENJENA)

3 - 4 berenjenas
1 cebolla
3 dientes de ajo
4 cucharadas de crema de ajonjolí (tehina)
5 cucharadas de jugo de limón
1 cucharada de aceite
sal a gusto

Hornear o asar a fuego directo las berenjenas hasta que se ablanden (aproximadamente 1 hora). Pelarlas y mezclar con el resto de los ingredientes en la juguera o en el procesador de alimentos. Servir frío. NOTA: si no tienes teína, sustituye por mayonesa.

ENSALADA DE FIDEOS AGRIDULCE

Prepárala 1 día antes para que resalte mejor el sabor

2 taza de fideos caracolitos
2 zanahorias ralladas
2 pimentones verdes rallados
1 cebolla cortada en cuadritos
2 cucharadas de aceite de oliva
2 cucharadas de vinagre de manzana
el jugo de 1/2 limón
3 cucharadas de mayonesa
1/2 cucharadita de sal
1 cucharadita de miel

En una olla cocina los fideos. Cuando estén listos cuélalos y déjalos a un lado.

En un bol, combina los vegetales, agrega el aceite, el vinagre, el limón, la mayonesa, la sal y la miel. Agrega los fideos cocidos y mezcla bien. Deja que la ensalada se marine por unas cuantas horas o hasta el día siguiente. Servir frío.

CREMA DE PALTA

1 palta madura
1 cucharada de limón
1/4 de taza de mayonesa
1 cebolla chica cortada en cuadritos
1/2 cucharadita de sal
1 pizca de pimienta
1/2 cucharadita de ajo en polvo

Pela y corta la palta en pedazos. Ponla en una licuadora o procesadora de alimentos junto con el resto de los ingredientes hasta formar una pasta suave. Llevar al refrigerador. Si no la vas a servir inmediatamente, recuerda de poner la semilla de la palta dentro de la crema para evitar que se ponga negra.

ZCHUG YEMENITA

Esta es una salsa picante. Úsala como sustituto de mostaza con pescado, carne o pollo
2 racimos de cilantro o perejil
3 ajíes picantes (pequeños)
4 a 5 dientes de ajo
1 limón grande pelado
1/2 cucharadita de sal o más

Corta los tallos del cilantro, lava las hojitas y exprime bien cualquier resto de agua. Corta los ajíes, muele los dientes de ajo y corta el limón en cuadros. Pon todos los ingredientes en el procesador y muélelos a velocidad máxima formando una mezcla gruesa, no dejes que se vuelva líquida. Agrega la sal según tu gusto. Refrigera en un toper cerrado hasta el momento de servirlo.

JREIN

(Para dos tazas)
1 raíz picante grande
2 betarragas medianas
2 cucharadas de sal
1 cucharadita de azúcar
6 cucharadas de limón
1 taza de agua

Pela y lava la raíz picante y las betarragas. Muélelas y pon en un bol. Agrega la sal, el azúcar, el jugo de limón y el agua. Agrega mas betarragas para más color o mas agua para una consistencia mas suave. Aliña a gusto.

ENSALADA CESAR (I)

1 - 2 cabezas de lechuga romana y/o escarola
2 dientes de ajo molidos
2 yemas de huevo
1 1/2 taza de aceite de oliva
1 cucharadita de mostaza
2 cucharaditas de azúcar
2 cucharaditas de jugo de limón
1 cucharada de perejil picado
1/4 cucharadita de cada una de las siguientes especias:
     tomillo, albahaca, orégano, sal y pimienta
12 tomatitos tamaño cóctel

En una procesadora de alimentos o juguera pon el ajo, las yemas de huevo, la mostaza y el azúcar. Con el aparato a baja velocidad agrega el aceite en un chorrito fino y uniforme hasta que la mezcla tome la consistencia de mayonesa. Luego, incorpora el jugo de limón y los condimentos.
Corta la lechuga en pedazos pequeños y ponlas en un bol grande; agrega la mayonesa y revuelve bien. Decora con los tomatitos cóctel y sirve.

ENSALADA CESAR (II)

2 cabezas de lechuga romana
2 tazas de crutones
1/2 taza de queso Parmesano (opcional)
Salsa Cesar (a continuación)

Lava bien las lechugas y revisa que estén libres de insectos. Sécalas y córtalas . Ponlas en un bol. Ponle la salsa Cesar y revuelve suavemente. Agrega los crutones y salpica con queso Parmesano.

SALSA CÉSAR

1/2 taza de aceite de oliva
3 dientes de ajo
2 cucharadas de jugo de limón
1 yema de huevo (optativo)
sal y pimienta

Combina el aceite y los ajos machacados en una licuadora hasta que estén bien unidos. Agrega el limón, la yema y mezcla bien. Agrega sal y pimienta según tu gusto.

ENSALADA COCHA

1 pimentón verde
2 pimentones rojos
4 dientes de ajo
aceite para sofreír
4 a 5 tomates
1/2 cucharadita de sal
1/2 cucharadita de ajo en polvo
1 pizca de pimienta
Opcional: 2 ajíes verdes picantes (cortados en trocitos)

Asar el pimentón verde y los dos rojos en el horno a fuego medio o a fuego directo. Sacarlos del horno y bajo el chorro del agua sacarles la piel y las semillas. Cortarlos en tiras finas (Juliana) y déjalos a un lado. En una olla, agrega un poquito de aceite y fríe los dientes de ajo cortados en pedazos pequeños. Corta los tomates en pedazos grandes (4 ó 5 pedazos cada uno) y ponlos en la olla con los ajos. Agrégale a los tomates todos los aliños, incluyendo los ajíes verdes y los pimentones rojos y verdes que cortaste en tiras. Cocinar a fuego lento hasta que toda el agua se evapore, más o menos 30 a 45 minutos.

ENSALADA DE ATÚN (I)

2 latas medianas de atún
3 cucharadas de jugo de limón
4 pepinos encurtidos
3 troncos de apio
1/2 cebolla mediana
4 huevos duros
sal y pimienta al gusto
2/3 de taza de mayonesa

Retira el atún de los envases, escurriendo bien el aceite o el agua. Sepáralo en trozos pequeños y ponlos en un bol. Rocíalos con el jugo de limón. Corta los pepinos y apio en cubos pequeños, pica la cebolla y los huevos y agrégalo todo al atún. Condimenta con sal y pimienta. Agrega la mayonesa y mezcla con cuidado. Servir frío.

ENSALADA DE ATÚN (II)

2 latas de atún
1 rama de apio cortada en pedazos chicos
1 zanahoria rallada
2 pepinos encurtidos, cortados en pedazos chicos
1-2 huevos duros (opcional)
3 cucharadas de mayonesa

En un bol pon todos los ingredientes. Mezclar bien con la mayonesa. Servir frío.

CREMA DE BERENJENA

Esta crema es muy sabrosa para comerla con Jalá
2 a 3 berenjenas
3 dientes de ajos
2 cucharadas de mayonesa
1 pizca de azúcar (opcional)
1 pizca de sal
1 pizca de limón

En horno medio alto asa las berenjenas después de hacerles hoyos con un tenedor. Hornearlas por 1 hora o asalas a fuego directo. Abrir y pelarlas. En la licuadora, pon los ajos, la mayonesa, la azúcar, la sal, el limón y la berenjena. Licúalos hasta que quede como una crema. Servir frío.

ENSALADA DE BERENJENA (I)

2 berenjenas grandes
2 cucharadas de azúcar
2 cucharadas de vinagre blanco
2 cucharadas de aceite
1 cebolla rallada
2 cucharadas de mayonesa

Asa las berenjenas sobre el fuego o en el horno. Pélalas y aplasta la pulpa con un tenedor hasta obtener una pasta consistente. Agrega el azúcar, el vinagre y el aceite mezclando continuamente. Añade la cebolla rallada y la mayonesa. Servir frío.

ENSALADA DE BERENJENA (II)

1 berenjena grande o 2 medianas
1/2 taza de harina
aceite para freír
1 cebolla mediana, picada y frita
1 diente de ajo
3 huevos duros
sal y pimienta a gusto

Pela la berenjena y rebánala en 1 centímetro de espesor. Espolvoréalas con sal y déjalas reposar 20 minutos. Lávalas y sécalas. Pasa las rodajas de berenjena por la harina y fríelas hasta que se doren. Poner sobre papel absorbente para quitar el exceso de aceite. Por último, ponlas en el procesador de alimentos con los ajos y los huevos duros. Agrégale la cebolla frita, sal, pimienta, mezclándolo todo bien. Refrigerar.

JATZILIM (I)

2 berenjenas
3 dientes de ajos machacados
1/2 taza de agua
1/2 vaso de vinagre blanco
aceite para freír
pimienta
comino
sal

Lava las berenjenas y córtalas en cúbitos. En un colador, pon unas toallas de papel y en ellas pon los cúbitos de berenjenas salpicados con la sal. Déjalos allí por lo menos 1/2 hora para que suelten el agua. En una olla pon a hervir el agua con el vinagre. Agrega las berenjenas y cocínalas hasta que se pongas suaves, (más o menos 10 minutos). Cuélalas y ponlas en un bol. Condimenta con aceite, pimienta, sal, ajo y comino. Servir frío.

JATZILIM (II)

2 berenjenas medianas
1/2 taza de agua
1/2 taza d vinagre blanco
4 dientes de ajo molidos
perejil
1 cucharadita de sal
pimienta
1 cucharadita de paprika (ají de color)
1 cucharada de orégano
1 hoja de laurel
1 cucharada de albahaca

Corta las berenjenas en rodajas. Ponlas en papel absorbente salpicadas con sal para que suelten el agua. Dejarlas allí por lo menos 1/2 hora. Sécalas bien. Calentar un poco de aceite en una sartén y dorar las rodajas de berenjenas por ambos lados. En un bol, pon el agua y el vinagre, agrega los ajos, el perejil, la sal, la pimienta y la paprika y el resto de los ingredientes. Baña cada rodaja en esta mezcla y ponlas en un guardalimentos. Cuando todas las rodajas fueron bañadas, echa el resto de la salsa por encima y poner en el refrigerador.

BABAGANUSH (II)

1 berenjena grande
1 cebolla mediana
1/2 atado de perejil picado
1/2 taza de tehina (pasta de semillas de sésamo)
2 cucharadas de jugo de limón
2 dientes de ajo aplastados
2 cucharaditas de agua
1 cucharadita de sal
1 pizca de pimienta de Cayena o árabe

Coloca la berenjena entera con cáscara directamente sobre la llama de la cocina a fuego mediano. Gírala a medida que la piel se quema y el interior se ablanda. O poner en el horno por más o menos 40 minutos. Dejar enfriar. Córtala por la mitad longitudinalmente y quítale la pulpa. Desmenúsala y ponla en un bol. Ralla la cebolla por los agujeros mas grandes y quítale el jugo que escurre. Mezcla la berenjena con la cebolla y el perejil. Mezcla cuidadosamente la tehina con el ajo y el jugo de limón. Ponle un poco de agua, y revuelve hasta que la mezcla quede blanca. Echar sobre la berenjena. Agrégale sal y pimienta. Puedes agregarle mas limón si lo deseas. Decorar con perejil.

ENSALADA DE PEPINOS

4 tazas de pepinos cortados en rodajas super finas
2 tazas de cebollas rebanadas super finas
1 cucharada de sal
3 cucharadas de agua
1 taza de azúcar
1/2 taza de vinagre de manzana o blanco

En un bol mezcla los pepinos, las cebollas, sal y agua. Déjalos a temperatura ambiente por 2 horas. Agrégales el azúcar y el vinagre, revolviendo hasta que el azúcar se disuelva. Separa la ensalada en dos frascos. Cúbrelos y congélalos hasta el día siguiente o hasta por 6 semanas. Descongelar a temperatura ambiente. Se mantiene bien en el refrigerador hasta por una semana.

ENSALADA DE PIMENTONES ROJOS

6 a 8 pimentones rojos
2 cucharadas de aceite para sofreír
4 dientes de ajo cortados en pedazos chicos
1 cucharada de vinagre
1 cucharadita de sal
1 cucharada de concentrado de tomates diluido en 1/4 de taza de agua

Asa los pimentones directamente al fuego o en el horno. Sacarlos del horno y bajo el chorro de agua, pelarlos y sacarles todas las semillas. Córtalos en tiras. En una olla, a fuego medio bajo, pon el aceite para sofreír los ajos. Agrega los pimentones, el vinagre, la sal y el concentrado de tomates. Cocinar a fuego lento hasta que quede poca agua en la olla. Servir frío.

ENSALADA DE POLLO

1 pollo hervido cortado en trocitos
2 manzanas rojas
1 taza de pasas de uva rubias
1 cebolla rallada
1 taza de apio cortado
1 taza de almendras cortadas gruesas
7 cucharadas de mayonesa
sal y pimienta a gusto

En un bol mezcla todos los ingredientes cortados en trocitos y agrega al último la mayonesa. Servir frío.

ENSALADA DE ZANAHORIAS

1/2 kg. de zanahorias
1/3 de taza de aceite
2 cucharadas de vinagre o jugo de limón
3 cucharadas de perejil picado
2 dientes de ajo picados
sal y pimienta a gusto
1/4 cucharadita de azúcar (optativo)

Pela las zanahorias y rállalas finito. Mezcla el aceite con el jugo de limón, agrega las zanahorias, el perejil y el ajo. Sazona con sal y pimienta. Si deseas un sabor más dulce, agrégale azúcar.

ENSALADA DEENA

250 grms. brotes de alfalfa
1/2 repollo morado cortado en tiras finas
5 hojas de lechuga cortadas en pedazos chicos
pasas
castañas de caju o mereis
2 zanahorias ralladas
salsa golf (ketchup con mayonesa)

Poner todos los ingredientes en un bol. Servir con Salsa Golf.

ENSALADA RUSA

5 papas peladas y hervidas
2 zanahorias hervidas
2 huevos duros cortados
1 taza de choclo cocido
1/2 taza de arvejas
1/4 taza de cebolla picada en cuadritos
1 manzana cortada en cuadros (opcional)
1 cucharadita de sal
1 pizca de pimienta
1/2 cucharada de vinagre
3 a 4 cucharadas de mayonesa

En un bol cortar las papas, las zanahorias y huevos en cuadros. Agregar el resto de los ingredientes. Mezclar bien con la mayonesa y agregarle más si piensas que es necesario. Servir frío.

ENSALADA WALDORF

4 manzanas cortadas en cuadros pequeños
2 ramas de apio cortadas en cuadritos
pasas
2 cucharadas de nueces
1 lata de piña cortada en cuadritos sin el jugo
3 cucharadas de mayonesa

Revisa bien que el apio esté libre de insectos. En un bol mezclar todos los ingredientes. Servir fría.

CHAMPIÑONES AL AJILLO

1 kg. de champiñones
10 dientes de ajo machacados
50 grs. de margarina o aceite
2 cucharaditas de sal
1 cucharadita de pimienta
2 cucharas de perejil picado

En una sartén, sofreír los ajos hasta dorar con la margarina, la sal y la pimienta. Agrega los champiñones y sofríe hasta que se pongan suaves. Antes de servir agregar el perejil. Este plato puede servirse frío como ensalada o caliente como acompañante para carne o pollo .

HUEVOS CON CEBOLLA

2 cebollas
8 huevos duros molidos
sal a gusto
pimienta a gusto
4 cucharadas de grasa de pollo o
4 cucharadas de mayonesa
hojas de lechuga (recuerda revisarlas)

Picar las cebollas y sofreírlas hasta que estén suaves. Mezclarlas con los huevos. Condimentar con sal y pimienta. Agregar grasa o mayonesa. Servir sobre hojas de lechuga.

HOJAS DE PARRA RELLENAS FRÍAS

1/4 kg. de hojas de parra en conserva
1/4 kg. de arroz de grano largo
2 ó 3 tomates pelados y cortados
1 cebolla grande picada fina
2 cucharadas de perejil picado
2 cucharadas de menta
1/4 de cucharadita de canela en polvo
1/4 cucharadita de pimienta de Jamaica
1/2 cucharadita de azafrán
sal y pimienta negra
2 tomates en rodaja (optativo)
3 dientes de ajo
1 taza de aceite de oliva
1 cucharadita de azúcar
jugo de un limón o más si lo deseas
100 grs. de pasas para el relleno (opcional)

Pon a remojar las hojas de parra en agua hirviendo durante 5 minutos. Retíralas y enjuágalas con agua fría. Enjuaga el arroz y cuélalo. En un bol mezcla el arroz con los tomates, la cebolla, el perejil, la menta, la canela, la pimienta de Jamaica, sal y pimienta. Rellena las hojas con esta mezcla y enróllalas. Colócalas apretadas en una olla grande previamente forrada con rodajas de tomate, hojas de parra rotas o sobrantes, introduciendo entre ellas dientes de ajo. Mezcla el aceite de oliva con igual cantidad de agua, más el azafrán , el azúcar y el jugo de limón. Vierte esta mezcla sobre las hojas rellenas. Cubre la cacerola y deja hervir a fuego lento durante dos horas. A medida que se evapore el agua, reemplázala, añadiendo de a poquito. Deja enfriar antes de pasar a una fuente. Sírvelas frías.

HUMUS

1 lata grande o 2 tazas de garbanzos cocidos
3/4 taza de jugo de limón
2 dientes de ajo molidos
1 cucharadita de sal
1/2 cucharadita de pimienta
2/3 taza de tehina
perejil para decorar

Quítale el agua a los garbanzos. En una procesadora de alimentos, muele los garbanzos y agrégale el resto de los ingredientes mezclándolos bien hasta formar una pasta. Puedes decorarlo con aceite de oliva, perejil, paprika (ají de color) y aceitunas. Servir frío.

JREIN CON REMOLACHAS (BETARRAGAS)

200 gr. de jrein (raíces picantes gruesas)
2 remolachas medianas (betarragas)
2 cucharadas de vinagre o jugo de limón
1 cucharada de azúcar

Lava y raspa el jrein. En un bol, rállalo finamente. Cocina y pela las remolachas (betarragas). Rállalas finamente y mézclalas con el jrein, el vinagre y el azúcar.

PATÉ DE HÍGADO

1/2 kg. de hígado de pollo
5 huevos duros
5 cucharadas de agua hirviendo
1 cebolla
sal y pimienta a gusto
salsa inglesa
aceite

Corta la cebolla en rodajas y pásala por agua hirviendo por cinco minutos. Fríela en aceite y retíralas del sartén. Fríe el hígado en el mismo aceite. Luego tritura el hígado, la cebolla y las yemas y mezcla bien. Sigue mezclando y agrega poco a poco el agua hervida. Agrega una cucharadita de aceite.
Sobre un plato o bandeja, con la mano aceitada, dale forma redondeada al paté y adorna con las claras picadas. Puedes aumentar esta receta con una pechuga de pollo cocida y triturada. Guarda en la heladera por unas horas. Para servir, córtalo en tajadas y sirve sobre una hoja de lechuga.
NOTA: Los hígados hay que Kasherizalos quemándolos directamente al fuego. Consulte a su Rabino para los detalles del proceso de kasherización.

SALSA BECHAMEL PARVE

1 litro de consomé de pollo (o consomé instantáneo parve israelí)
1/2 taza de maicena
1/4 cucharadita de sal
pimienta
1/4 taza de aceite

Disuelve la maicena en el consomé de pollo. Ponlo en una olla junto con el resto de los ingredientes. Cocina a fuego medio bajo hasta que la salsa se espese. Usa en cualquier receta que necesite salsa Bechamel.

TABULE

Ensalada de trigo partido
1 1/2 tazas de trigo partido fino
perejil
6 limones
4 pepinos
4 tomates medianos
6 cucharadas de aceite
2 cucharaditas de menta fresca
2 cucharaditas de comino
2 cucharadas de sal
1 cucharada de ají molido

Pica todos los vegetales en cuadritos chicos. Coloca el trigo partido en un recipiente.
Agrégale el aceite, los vegetales, el jugo de limón y los condimentos. Mezcla todo bien. Dejar marinar unas horas en la heladera. Vuelve a sazonar según tu gusto.

CRUTONES

Pan de sandwich o cualquier sobra de pan que tengas en casa
1/4 taza de aceite de oliva
ajo en polvo

Sobre una tabla para cortar, corta el pan en cubos pequeños. Ponlos en un bol y échales aceite de oliva y el ajo en polvo. Revuélvelos bien, que los pedazos de pan no queden ni muy secos ni muy mojados. Poner en una bandeja bien dispuestos. Hornear a fuego medio por 10 minutos. Darlos vuelta con un cucharón para que se doren por los dos lados. Hornéalos unos minutos mas hasta dorar. Sácalos del horno y déjalos enfriar.
Los puedes guardar en una bolsa plástica y almacenar por mucho tiempo en el congelador.

BORRECAS (I)

1 kg. de harina
1/2 taza de aceite
2 cucharadas de vinagre
2 tazas de agua
1 kg. de margarina a temperatura ambiente
1 o más huevos batidos para pintar

Poner en un bol harina, aceite, vinagre, agua y amasar bien, formando una buena masa. Si la masa está dura, agrégale un poco de agua. Divide la masa en 3 partes. Con el uslero, en superficie enharinada, forma un rectángulo. En el centro pon toda la margarina y dobla la masa de forma que la margarina quede adentro. Con el uslero, vuelve a formar un rectángulo, y esta vez dobla los dos extremos para que se encuentren en el centro. Estira la masa otra vez y dobla el extremo izquierdo hacia adentro de forma que toque el borde derecho. Dobla la masa hacia arriba 2 veces para que te quede un cuadrado al final. Haz lo mismo con la otras 2 porciones. Con el uslero, estira 1 cuadrito y corta círculos, rellénalos y cierra, sellando el borde con un tenedor. Pinta con huevo batido y hornea a fuego medio alto por 20 minutos aprox. o hasta dorar.
Rellenos: pino, puré de papas, atún, quesillo o lo que gustes.

BORRECAS (II)

Masa
3/4 kg. de harina
1 vaso de aceite
3/4 vaso de agua
1 cucharada de sal

Relleno
1/2 kg. de queso blanco
1/2 kg. de papas hervidas y pisadas
2 huevos
3 cucharadas de queso rallado
sal y pimienta a gusto
1 huevo batido para pintar

O el relleno de tu perferencia

Une la harina con el aceite y la sal. Agrega el agua y mezcla hasta obtener una masa suave. Estírala hasta que no quede muy gruesa. Córtala en forma de discos.

Une los ingredientes del relleno y echa en cada circulo una cucharada de éste. Cierra presionando con un tenedor, formando una media luna. Pinta con huevo batido cada borreca y hornea a fuego medio hasta que se doren. Puedes usar el relleno de tu preferencia.

EMPANADAS ÁRABES

Masa:
50 grs. de levadura de cerveza
1 cucharadita de azúcar
3/4 de taza de agua tibia
1 cucharadita de aceite
500 grs. de harina
semillas de sésamo, para espolvorear encima

Relleno:
1/2 kg. de carne picada (*molida*)
2 cebollas finamente picadas
1 cebolla de verdeo picada (*cebollín*)
1/2 pimiento morrón asado y picado
1/2 cucharadita de perejil picado
2 tomates picados
el jugo de 1 limón
sal, pimiento dulce, orégano, ají molido y comino a gusto

Masa: Pon en un bol hondo la levadura y espolvorea una cucharadita de azúcar. Tápalo y deja unos minutos hasta que forme espuma. Luego agrega el aceite y el agua tibia, mezclando con una cuchara de madera. Incorpora la harina y trabaja la masa con las manos hasta obtener una consistencia blanda y elástica que no se pegue. Con las manos enharinadas toma pequeñas porciones y forma bolitas. Sobre la mesa enharinada estira los bollitos uno por uno hasta obtener discos de unos 9 cm. de diámetro. Coloca una cucharadita del relleno en el centro de cada disco y cierra en forma de triángulo, doblando primero los dos lados de los costados y encima el lado de arriba. Espolvorea con semillas de sésamo y ponlas en una asadera aceitada. Cocina en el horno a temperatura media durante 25 minutos.

Relleno: Mezcla la carne cruda con los demás ingredientes y deja marinar con el jugo de limón mientras preparas la masa(aproximadamente unos 30 minutos).

LAJMAGINE DE CARNE

Masa:
20 grs. de levadura fresca o 10 grs. de levadura seca
1/4 litro de agua
1 pizca de azúcar
1/2 kg. de harina
1 cucharadita de sal
2 cucharadas de aceite

Relleno:
1/2 kg. de cebollas picadas fino
aceite
750 grs. de carne picada (*molida*)
1/2 kg. de tomates frescos, pelados y picados
1 cucharadita de azúcar
3/4 cucharadita de pimienta
1 o 2 cucharadas de jugo de limón
sal y pimienta negra
3 cucharadas de perejil picado fino
1 pizca de pimienta de Cayena

Disuelve la levadura con la pizca de azúcar en 1/2 taza de agua tibia. Déjalo 10 minutos hasta que burbujee. Por mientras, tamiza la harina con la sal en un bol. Haz un agujero en el centro y agrega el aceite y la levadura con agua. Trabaja la masa con energía, agregando gradualmente el resto del agua tibia hasta que quede suave. Amasa unos 15 minutos, hasta que la masa quede elástica y flexible y se despegue de los bordes del bol. Tápalo con una toalla húmeda y déjalo por 2 ó 3 horas en un lugar cálido hasta que doble su volumen. Para que no se forme una costra seca en la superficie, coloca un poquito de aceite en el fondo del bol y antes de dejar reposar, pasa la masa por el aceite para que cubra toda sus superficies.
Ablanda las cebollas en un poco de aceite caliente hasta que queden transparentes y pierdan el líquido, cuidando que no lleguen a dorarse. Mezcla la carne y tomates en un bol, agrégale el azúcar, la pimienta de Jamaica y el jugo de limón y sazona a tu gusto con sal y pimienta. Escurre el aceite de las cebollas e incorpóralas a la mezcla. Amasa bien a mano. Añade el perejil picado y la pimienta de Cayena. Amasa unas pocas veces la masa y divídela en muchas bolitas del tamaño de una nuez. Déjalas reposar

unos minutos, y aplasta cada circulo formando discos. Sobre cada disco, coloca una buena cantidad del relleno, cubriendo toda la superficie. Coloca cada disco en una bandeja aceitada. Hornea unos 8 a 10 minutos. Que queden cocidas pero también blancas y blandas.

LAJMAGINE DE ESPINACA

Para la masa, usa la misma receta anterior

Relleno:
2 a 3 paquetes de espinaca hervida
2 cebollas fritas
3 huevos duros
orégano
comino
nuez moscada
pimienta
sal

Junta los ingredientes del relleno y espárcelos en el centro de la masa. Cerrar y hornear.

KNISHES DE PAPA

Masa:
3 tazas de harina
3 cucharadas de azúcar
1/2 cucharadita de sal
1/2 taza de aceite más 1 cucharada
2 huevos
1/2 taza de agua tibia

Relleno:
6 papas cocidas y aplastadas
1 cebolla frita
2 huevos
sal y pimienta a gusto

Para la masa, pon en un bol la harina, el azúcar y la sal. Agrégale el aceite, los huevos y agua. Mezcla hasta formar una buena masa (que no quede pegajosa agregando la harina necesaria). Sobre una superficie enharinada, deja la masa reposar.
Relleno: Haz un puré de papas y agrégale la cebolla frita y los demás ingredientes.

Para hacer un rollo, estira la masa de forma rectángular, poniendo una buena ccantidad del relleno a todo lo largo del rectángulo. Cierra el rollo poniendo la masa sobre el relleno de forma que se sobrepongan un poquito ambos bordes y cierra las dos puntas hacia arriba.

También puedes hacer pastelitos individuales: Corta en círculos la masa y rellena cada uno con una cucharada de papa. Cierra el borde y séllalo con un tenedor. Pon sobre una bandeja engrasada. Hornea a fuego medio alto por 25 minutos o hasta que los veas dorados.
El rollo, córtalo en rebanadas individuales y sírvelos caliente.
Para servir puedes echarle una salsa de champiñones por encima y te quedará fabuloso.

JALÁ

Para 10 jalot aproximadamente
2 1/2 kgs. de harina
4 cucharadas de levadura en polvo
4 tazas de agua tibia
6 huevos
1 1/2 tazas de azúcar
3/4 taza de aceite
5 cucharaditas de sal

En un bol grande pon 1 1/2 kilos de la harina. En otro bol, pon 1 taza de agua tibia y agrégale la levadura y una cucharada de azucar. Revuélvela bien hasta que se disuelva. Ya disuelta, haz como un hoyo en el centro de la harina y echa la levadura allí. Dejar a un lado. En otro bol, pon los huevos, el azúcar, el aceite, sal y 3 tazas de agua tibia. Mézclalo todo bien con un tenedor. Agrega esta mezcla a la harina y con la mano, incorpora todo bien. La masa va a estar pegajosa, así que sigue agregando harina, hasta que formes una buena masa que puedas trabajar, sin que se te pegue en los dedos. Cubre la masa con una toalla y ponla en un lugar tibio. Déjala reposar 1 hora. Después de esta hora, amásala de nuevo. Cúbrela otra vez y déjala crecer otra hora más. En una superficie con harina, divide la masa en 10 partes. Toma una de estas partes y forma 3 palos o "lulos". Trénzalos para formar la jalá. Puedes hacer una trenza de 4 ó 6, o simplemente ovillar, para que sea un pan redondo. Haz lo mismo con el resto de la masa. Pon las jalot sobre una bandeja engrasada. Píntalas con un huevo batido. Y hornea a fuego medio alto por 30 minutos. Si gustas, puedes agregar amapolas o sésamo sobre las jalot .
NOTA: Recuerda separar la jalá con la bendición respectiva.

JALÁ CON PASAS

4 tazas de agua tibia
2 cucharadas de levadura seca
4 huevos
1/2 taza de aceite
1/2 taza de miel
2 tazas de pasas
14 -15 tazas de harina
1 cucharada de sal

Pon el agua tibia en un bol. Añade la levadura y luego los huevos, el aceite, la miel y las pasas. Mezcla bien, añadiendo la mitad de la harina. Deja reposar esta mezcla por 45 minutos. Agrega la sal y casi toda la harina. Mezcla y amasa en una superficie enharinada, agregándole la harina necesaria para poder manejar la masa. Esta debe ser suave. Deja que la masa suba durante 1 hora. Separa la jala con la bendición respectiva. Divide la masa y dale la forma que tu desees. Pon las jalot en superficies engrasadas. Píntalas con huevo batido y decóralas, si quieres, con sésamo. Hornéalas a fuego medio alto por 30 minutos.

JALA DE AGUA

Es una buena Jala para las personas que están a dieta. Contiene poco aceite y azúcar y solo un huevo
2 cucharadas de levadura seca
2 3/4 taza de agua tibia
2 cucharadas de azúcar
3 cucharadas de aceite
1 huevo más una clara
1 cucharada de sal
9 tazas de harina

En un bol, disuelve la levadura en el agua tibia. Agrégale el azúcar y espera que empiece a burbujear. Agrega el aceite, el huevo, una clara, sal y 3 tazas de harina. Mézclalos con una cuchara de madera. Agrega el resto de la harina, por tazas, hasta que esta pueda ser amasada. Amasa por 5 minutos hasta obtener una textura suave y elástica. Déjala en un bol cubierta por 2 horas. Amasa otra vez. Separa la Jala. Divide la masa en tres porciones y fórmalas. Ponlas en bandejas engrasadas. Píntalas con huevo batido y decóralas con sésamo. Hornea a fuego medio alto por 35 a 45 minutos o hasta dorar.

JALÁ INTEGRAL

6 cucharadas de levadura seca
4 tazas de agua tibia
1 cucharada de miel
1 taza de aceite
5 huevos
1 taza de miel
3 cucharadas de sal
12 tazas de harina integral
8 tazas de harina blanca

En un bol disuelve la levadura en 2 tazas de agua tibia con una cucharada de miel. Déjala a un lado por 10 minutos. Agrégale el aceite, la miel y 2 tazas de agua tibia; mézclalos bien. Gradualmente agrega los ingredientes secos y amasa hasta obtener una masa elástica y no pegajosa. Agrega la harina necesaria de a poco. Deja la masa reposar, cubierta, por 1 hora. Amasa y deja crecer por otra hora. Separa la jalá y forma las jalot. Ordena las jalot en bandejas engrasadas. Píntalas con huevo batido y decora con semillas de sésamo. Hornea a fuego medio alto hasta dorar, más o menos 45 minutos.

KRÉPLAJ

Es una masa rellena que se sirve con sopa. Es típico de las fiestas de Purim, de Hoshana Raba y víspera de Yom Kipur
2 huevos
1/2 cucharadita de sal
2 tazas de harina cernida
agua necesaria para formar la masa

Bate los huevos junto con la sal en un bol. Agrega la harina para formar la masa. Amasa para obtener una consistencia suave. Sobre una superficie con harina, estira la masa con un uslero y corta cuadrados o círculos. Rellena con una cuchara. Cierra y sella el borde con un tenedor. Poner en una olla con agua hirviendo y cocinar por 15 minutos. Sirve con sopa.

Rellenos:
De Pollo: Mezclar pedazos de pollo con cebollas fritas. Agrégale un huevo, aliña a gusto y rellena los KRÉPLAJ.
De carne: Dora 250 grs. de carne molida. Mézclala con 1 cebolla frita, 1 huevo y aliños a gusto. Mezcla bien y rellena los KRÉPLAJ.

MANDLEJ

Masitas para la sopa
3 huevos
2 cucharadas de aceite
1 1/2 tazas de harina con polvos de hornear

Bate las yemas con el aceite, agrega las claras batidas a nieve e incorpora de a poco la harina formando una masa. Forma bastoncitos como para ñoquis, corta en trozos y fríe en abundante aceite o simplemente hornéalos.

MASA PARA PIZZA

2 tazas de agua
57 grs. de levadura fresca
2 cucharadas de azúcar
6 tazas de harina
4 cucharadas de aceite
1 cucharada de sal

En un bol mezcla el agua, la levadura y el azúcar. Disuelve bien la levadura y deja reposar por 10 minutos. Agrega el resto de los ingredientes. Mézclalos bien para formar una buena masa. Cúbrela y deja la masa crecer por 1 hora. Estira sobre una bandeja para el horno y añade la salsa y queso.

PITA O PAN ÁRABE

1 cucharada de levadura
1/2 cucharadita de azúcar
1 1/4 tazas de agua tibia
4 tazas de harina
1 cucharadita de sal

Engrasa dos bandejas en donde hornearás las pitas. Precalienta el horno a 240 C.
Mezcla la levadura con el agua tibia y el azúcar. Dejar a un lado por 10 minutos.
En un bol poner la harina con la sal y agregar la levadura. Mezclar bien y amasar por 10 minutos hasta formar una masa suave, elástica y no pegajosa. Cubrir la masa y dejar reposar por 1 hora. Amasar de nuevo y dividirla en 8 partes. Formar cada parte en un círculo u óvalo. Poner las pitas en la bandeja y dejar reposar 5 minutos. Llevar al horno por 6 a 8 minutos. Sacar del horno y cubrirlas con una toalla para evitar que se endurezcan hasta que se enfríen.

SEMBUSSAK DE CARNE

Relleno:
1/2 kg. de carne picada
1/2 cucharadita de pimentón
1/2 cucharadita de pimienta inglesa
1/2 cucharadita de canela
1 cucharadita de sal
1 cucharada de aceite
1/4 taza de nueces
1 cebolla picada fino

Saltea la cebolla en aceite hasta que quede transparente. Incorpora la carne hasta dorar. Cocina hasta que se evapore el líquido. Enfría y agrega los condimentos y las nueces.

Masa:
2 tazas de harina
1 taza de sémola
margarina vegetal ablandada
1 cucharadita de aceite
1/2 cucharadita de sal gruesa
un poco de agua
semillas de sésamo

Une la harina, la sémola y la sal. Añada la margarina y el aceite. Mezcla bien con las manos. Agrega agua lentamente hasta obtener una masa suave. Amasa bien. Forma una bolita del tamaño de una nuez y pásala por las semillas de sésamo. Aplasta cada bolita para obtener un disco de 7,5 cm. Coloca en cada disco una cucharadita de relleno. Pliega y presiona para cerrar, verificando que los bordes queden bien cerrados, dándole forma de semicírculo. Hornea a fuego fuerte o hasta que se doren las partes inferiores.

VERENIKES

Masa:
1 huevo
1 pizca de sal
1/2 taza de agua tibia
400 grs. de harina

Relleno:
1 kg. de papas cocidas y pisadas
1 cebolla grande picada y frita en aceite
sal y pimienta a gusto

Mezcla todos los ingredientes para la masa agregando harina hasta que no se pegue en las manos. Estírala bien fino y córtala en discos. Une los ingredientes del relleno. Pon en el centro de cada disco un poco del relleno de papas y cebollas. Cierra bien para que el relleno no se salga y cocina en abundante agua con sal y un poquito de aceite por 30 minutos aproximadamente. Cuélalos y sírvelos solos o con mantequilla y queso rallado o, pino o, salsa de tomates y cebollas o, cebolla frita.
Cuando están fríos se pueden recalentar en agua hirviendo o friéndolos por ambos lados en una sartén con mantequilla.

Plato Principal

PESCADO SEFARADÍ

1 Kg. de pescado cortado en ruedas
2 cebollas rebanadas
2 pimentones rojos cortados en tiras
2 tomates cortados en tiras
5 dientes de ajo picados en trocitos chicos
5 cucharadas de aceite
perejil y cilantro
sal y pimienta a gusto

En una sartén coloca el aceite, los ajos, la cebolla, los pimentones y los tomates, y sofríe. Agrega las ruedas de pescado aliñadas con sal y pimienta. Cocina por 20 minutos, aproximadamente. Añade el perejil y el cilantro, cocina por 5 minutos más.

ALBÓNDIGAS DE ATÚN

2 latas de atún
3/4 taza de migas de pan
1/4 taza de cebollín picado fino
1 huevo
1/2 taza de leche o agua
1/2 cucharadita de ralladura de limón
2 cucharadas de aceite

Salsa de limón:
1/4 taza de caldo de pollo parve
1 cucharada de jugo de limón
1/4 cucharadita de eneldo

En un bol mezcla el atún, las migas de pan y el cebollín. Agrega el huevo, la leche o agua y la ralladura de limón. Mezcla bien. Con las manos enharinadas forma albóndigas chicas. En una sartén, pon el aceite y fríe las albóndigas hasta dorar por ambos lados. Ponlas en una cacerola que resista en el horno y déjalas hasta que estén listas para servirse.

Para la salsa, en una olla calienta el caldo, con jugo de limón y el eneldo. Sirve las albóndigas con la salsa por encima. Decora con una rebanada de limón.

ALBÓNDIGAS DE GUEFILTE FISH CON SALSA AGRIDULCE

1 lata de salsa de tomate
sal, azúcar, vinagre, jugo de limón y ajo en polvo a gusto

Con la receta de guefilte fish forma albóndigas chicas. Fríelas en aceite por ambos lados, hasta dorar. Mezcla el tomate con el resto de los ingredientes para la salsa. Pon las albóndigas en una asadera y cubre con la salsa. Cúbrela y hornea a fuego medio por 1 hora.

CROQUETAS DE ATÚN CON PAPAS

8 papas hervidas
1 cebolla cortada en cuadritos
1 a 2 huevos
1 cucharada de sal
1 cucharada de ajo en polvo
1 cucharadita de pimienta
2 latas de atún
pan rallado
aceite para freír

Aplastar las papas hervidas haciendo un puré. Agrégale la cebolla, un huevo batido, la sal, el ajo en polvo, la pimienta y el atún. Mezclarlo todo bien. Forma con esta masa de papas y atún cilindros de más o menos ocho centímetros. Batir un huevo. Sumerge cada cilindro o croqueta en este huevo batido y luego cúbrelos en el pan rallado. Freír cada croqueta hasta que estén doradas.

GUEFILTE FISH (I)

2 kgs. de pescado (corvina, reineta, cojinova) o su mezcla
1 cebolla grande
4 huevos
10 cucharadas de azúcar
4 cucharadas de pan rallado o harina de matzá
1 cucharadita de pimienta
2 cucharaditas de sal
2 zanahorias (opcional)

Después que el pescado ha sido lavado y está sin espinas; molerlo en un procesador de alimentos junto con la cebolla, hasta que quede como una masa. En un bol, poner el pescado molido y agregar los huevos, el azúcar, el pan rallado o harina de matzá, la pimienta y la sal. Mezclar todo bien.

En una olla grande, hervir agua hasta arriba, agregarle un poquito de sal, pimienta y el azúcar. Formar bolitas chicas con la masa del pescado y poner en el agua hirviendo. Cocinar cubierto por 1 hora.

En vez de hacer bolitas puedes hacerlo en forma de un rollo y luego rebanar en pedazos individuales de la siguiente forma : En papel aluminio pon 1/3 de la masa del pescado y envuélvelo formando un rectángulo. Envuélvelo otra vez en otro papel aluminio. Obtendrás por lo menos tres rollos. Ponlos en el agua hervida y cocina por 2 horas. Dejar enfriar y guardar en el refrigerador. Al día siguiente córtalo en pedazos individuales si deseas. Para guardar, es buena idea poner las bolitas o rebanadas de pescado en un pyrex, una al lado de la otra. Congelarlas y cuando estén congeladas, pásalas a bolsas plásticas. Descongelar a medida que necesites.

GUEFILTE FISH (II)

1 1/2 kg. de carpa o merluza y trucha o su mezcla
2 huevos
2 cebollas picadas y doradas
3 zanahorias
2 cucharadas de harina de matzá (matzo meal)
1/2 cucharada de azúcar
1 1/2 litros de agua
sal y pimienta negra

Corta el pescado en postas y sácale las espinas. Coloca en una cacerola la cabeza, las espinas y 2 tazas de agua, la sal y la pimienta negra; cocina a fuego moderado. Luego muele en el ayudante de cocina los filetes de pescado y agrégale las cebollas ya picadas y doradas. Añade los huevos, el azúcar, la harina de matzá, la sal y la pimienta negra. Mezcla hasta obtener una masa homogénea y forma bolitas, las que colocarás en la cacerola donde herviste la cabeza y las espinas. Incorpora las zanahorias cortadas en rodajas y cocina aproximadamente por 2 horas. Saca las bolitas, ponlas en una fuente y decora con las rodajas de zanahoria o limón y perejil.

GUEFILTE FISH (III)

1 kg. de filetes de merluza
2 huevos
1 cucharadita de sal
1/2 cucharadita de pimienta blanca
3 cucharaditas de azúcar
2 cucharadas de pan rallado o harina de matzá (matzo meal)
1/2 vaso de soda o agua mineral con gas
2 cebollas fritas
1 zanahoria

Muele el pescado en la procesadora de alimentos. Agrégale los huevos, la sal, la pimienta, el azúcar, el pan rallado y una cebolla rallada, frita en aceite. Mézclalos bien y agrega la soda poco a poco. En una olla, pon la zanahoria finamente cortada en rodajas. Agregar agua y cuando hierva, forma bolitas con la masa, agrega mas pan rallado si es necesario. Pon las bollitas en la olla. Cuando hierva otra vez, baja el fuego al mínimo y cocina por 1 ½ horas.
Esta misma preparación se puede hornear por 1 hora y 15 minutos, aproximadamente.

GUEFILTE FISH AL HORNO (I)

2 kg. de pescado molido
2 cebollas cortadas pequeñas
2 huevos
perejil picado
2 matzot
1 taza de agua
1 manzana verde rallada
sal y pimienta
harina de matzá o matzo meal

Dora la cebolla en aceite caliente. Colócalas sobre el pescado molido. Remoja las matzot hasta que estén suaves y exprímelas. Añádelas al pescado junto con los huevos, la manzana, la sal y la pimienta. Agrega el agua fría. Mézclalo todo bien y vierte la mezcla sobre una budinera engrasada y espolvoréala con harina de matzá. Hornéalo a fuego moderado por 1 hora y 15 minutos o hasta que esté dorado. Decóralo con lechuga cortada.

GUEFILTE FISH AL HORNO (II)

5 cebollas
1 kg. de filete de merluza
1 kg. de filete de trucha
5 huevos
sal y pimienta a gusto
1 cucharadita de azúcar
4 cucharadas de agua
6 cucharadas de harina de matzá o pan rallado

Muele todo el pescado junto con 2 cebollas crudas. Agrégale las otras 3 cebollas picadas y sofritas en un poco de aceite. Mezcla con los demás ingredientes y forma un pan alargado. Colócalo en una asadera para el horno. Cocina las cabezas y los espinazos del pescado en agua con sal. Cuela el caldo y viértelo por encima del pescado en la asadera. Hornear a fuego medio dejando que se consuma el jugo. Corta en rodajas y sírvelas calientes o frías.

PESCADO CON SALSA DE MOSTAZA

4 filetes de pescado
1 cucharadita de ajo en polvo granulado
1 cucharadita de aceite de oliva
1 1/2 cucharaditas de mostaza
1 1/8 cucharaditas de eneldo
4-8 cucharadas de jugo de limón

Lava el pescado y luego sécalo bien con una toalla de papel. Dejar a un lado. En una sartén, a fuego lento, dora un poco los ajos. Agrega la mostaza, el eneldo y el limón. Retira del fuego. Arregla el pescado en una asadera para el horno, y baña con la salsa de mostaza. Enciende el grill y cocina por 10 minutos. Da vuelta los filetes a los 5 minutos.

PASTEL DE ATÚN

1 taza de papas ralladas
1 taza de zanahorias ralladas
2 latas de atún finamente desmenuzado
1/2 taza de cebollín picado
1 diente de ajo molido
1/3 de un paquete de perejil, cortado
2 huevos
1 cucharadita de tomillo molido
1/4 cucharadita de sage molido (*salvia*)
1/2 cucharadita de sal
1/4 cucharadita de pimienta
2 cucharadas de maicena
2/3 de taza de queso rallado (opcional)

En una olla hierve las papas y las zanahorias por 5 minutos, o hasta que suavicen. En un bol pon el atún, las papas, las zanahorias, el cebollín, el perejil y el ajo, mezclándolos bien. Agrégale los huevos, los condimentos y la maicena. Pon la mezcla en un molde engrasado, cúbrelo y hornéalo por 20 minutos. Descúbrelo y hornea por 10 minutos más. Échale el queso si deseas y hornéalo por otros 2 minutos, hasta que se derrita. Déjalo afuera 5 minutos y luego rebánalo.

PESCADO AL HORNO

1 kg. de pescado cortado en postas
2 cebollas
1/2 taza de aceite
1 taza de agua
2 cucharadas de pasta de tomates o concentrado de tomates
3 dientes de ajo molidos
1 cucharadita de perejil picado
4 zanahorias cortadas en rodajas
3 tallos de apio picados
el jugo de medio limón
sal y pimienta a gusto
paprika (*ají de color*)

Dora la cebolla cortada en rodajas en el aceite. Agrega la pasta de tomate, el agua, el ajo, la sal, la pimienta y el jugo de limón. Incorpora el resto del aceite, el apio y la zanahoria. Coloca el pescado en una asadera y cúbrelo con esta salsa. Hornear por 25 minutos. Decóralo con el perejil y sírvelo caliente.

PESCADO PICANTE
CON SALSA DE TOMATE

1 pescado fileteado y cortado en trozos de 2 1/2 dedos de ancho
(salmón, corvina, lisa o reineta)
1 tarro de concentrado de tomates
1 cabeza de ajo
1/2 cebolla chica, picada en cuadritos
comino en polvo a gusto
paprika picante a gusto
el jugo de 2 limones
sal a gusto

En una olla, fríe la cebolla con un poquito de aceite hasta que quede
transparente. Agrega la salsa de tomate.
En un bol pon el ajo bien molido, la sal, la paprika, el comino y el limón.
Mezcla bien y agrega la salsa de tomate y un poco de agua.
Pon las presas de pescado una al lado de la otra, asegurándote de que
queden cubiertas por el agua. Cocinar en sarten u horno por 20 minutos a
fuego medio. Servir caliente o frío.

CEVICHE

1 kg. pescado (salmón, corvina o reineta)
4 tazas de jugo de limón exprimido
¾ cucharada de sal
1 cebolla rebanada finamente
1 pimentón rojo rebanado finamente
1 pimentón verde rebanado finamente
2 tallos apio en cubitos
2 cucharadas de cilantro cortado finamente
2 cucharadas perejil cortado finamente

Corta el pescado en cubitos y ponlos en un bol de vidrio. Agrégales el jugo
de limón y la sal, mezclalos bien. Arregla encima del pescado la cebolla,
pimentones, apio, cilantro y perejil. Aségurate de que todo este bien
cubierto por el jugo de limón, agregando mas si fuese necesario. Cúbrelo y
déjalo a temperatura ambiente por mínimo, 4 horas. Llévalo al refrigerador
y antes de servirlo, revuélvelo bien.

PESCADO CON CILANTRO ESTILO MARROCANO

1 pescado fileteado cortado en trozos de 4 cms. de ancho (salmón, corvina, lisa o reineta)
2 paquetes de cilantro (revisar bien que esté libre de insectos)
1 cabeza de ajo
6 ajíes cacho de cabra (rojos)
paprika picante
cúrcuma a gusto
limón escabechado (receta a continuación)
sal a gusto

Poner suficiente aceite para cubrir el fondo de la olla (mitad aceite de oliva, mitad aceite regular).
Pon a remojar los ajíes cacho de cabra en agua tibia por 1/2 hora. Pon en la olla del aceite, el cilantro, los dientes de ajo sueltos pero sin pelarlos, 2 limones escabechados cortados en pedazos, el ají rojo junto con el agua en que se remojó. Agrega la sal, la paprika y la cúrcuma. Cocina todo tapado por 15 minutos. Pon las presas de pescado una al lado de la otra y cocina por 20 minutos.

Limón escabechado
Corta transversalmente el limón en 4 partes. Ponlos en un frasco de vidrio con bastante sal y luego la mitad del frasco lleno con jugo de limón. Tapa el frasco y déjalo 2 semanas dándole vuelta. Cuando se ponga transparente el limón, tápalo con aceite de oliva. Se puede mantener por varios meses en el refrigerador.

PESCADO TERIYAQUI

1/3 taza azúcar rubia
1 cucharadita de jengibre molido
1 taza de caldo de carne parve
1/4 taza de salsa de soya
2 cucharadas de maicena
1/4 taza de vino blanco
10 trozos de salmón de 2.5 cms de grosor

Disuelve el azúcar y el jengibre en el caldo en una olla. Agrega la salsa de soya y déjalo hervir. Mezcla la maicena en el vino y agrega al caldo. Cocer hasta que espese. Enfriar.

Pon el salmón en una bandeja para el horno y vierte la salsa sobre éste. Marinar por 1 hora en el refrigerador.

Lleva el salmón al horno por 20 minutos y ve untando la salsa sobre el salmón con una brochita, unas cuantas veces mientras se hornea.

VARIACIÓN: En vez de hornearlo puedes cocinarlo sobre una parrilla sobre carbón por 10 minutos.

MOUSSE DE ATÚN

8 huevos
2 latas de atún
2 pimentones rojos asados
1 trozo de Jala o 2 rebanadas de pan blanco
1 cebolla mediana
Sal
Páprika

Poner en una juguera los huevos, el atún, los pimentones ya pelados, pan, sal, páprika y la cebolla. Moler todo muy bien. Luego, verter en un molde aceitado para el horno, sugiero uno rectangular como para un pan de molde, y cubrir con papel aluminio. En otra fuente para el horno, poner agua y dentro de éste molde con agua, pon la fuente donde vertiste el mousse de atún, de forma que cocináremos el mousse en Baño María, en el horno por aproximadamente 1 hora, o hasta que al probar el centro con un cuchillo, éste salga limpio y seco.

Dejar enfriar. Para servir, darlo vuelta y decora toda la superficie con mayonesa, aceitunas, alcaparras, perejil, etc. Servir frío.

MOUSSE DE SALMÓN

1 cucharada de gelatina sin sabor
1/4 de taza de agua
3/4 taza de apio molido
1 1/2 taza de salmón cocido y molido
sal
paprika
3/4 de taza de mayonesa
3 cucharadas de jugo de limón
1/2 diente de ajo molido
1/3 de taza de crema batida o crema Rich's parve

Disuelve la gelatina en agua hirviendo. Combina el apio con el salmón y agrega la sal y la paprika según tu gusto.

Mezcla la gelatina con la mayonesa, el jugo de limón y el ajo y añade al salmón. Bate la crema hasta formar picos y agrega a los otros ingredientes. Verter sobre un molde mojado y refrigerar.

PESCADO A LA ITALIANA

500 grm. de pescado en filetes de corvina, salmón o reineta
1/2 taza de mantequilla o margarina
3 cucharadas de aceite
1 cucharadita de ajo en polvo o ajo molido
1/2 cucharadita de orégano
1 cucharadita de jugo de limón
1/3 de taza de vino blanco
pimienta
sal
paprika
pan rallado

Derrite la margarina y agrega el aceite, el ajo, el orégano, el jugo de limón, el vino blanco, la pimienta y la sal. Pon las presas de pescado en una bandeja para el horno y espolvoréales un poco de paprika. Vierte la salsa sobre el pescado y esparce un poco de pan rallado. Hornea a fuego alto por 25 a 30 minutos.

PESCADO MARROQUÍ

1 kg. de filete de merluza o lenguado
2 cebollas cortadas en rodajas
1 ají verde cortado en rodajas
2 tomates medianos cortados en trozos
3 zanahorias cortadas en rodajas
1/2 taza de perejil picado
1 limón en trozos
sal
pimienta, ajo en polvo, comino, cebolla en polvo, paprika

Calienta el horno a fuego medio. Vierte aceite generosamente en una fuente de horno grande. Cubre el fondo de la fuente con media taza de todos los vegetales y sazónalos con sal, pimienta, comino, ajo y cebolla en polvo. Enjuaga y seca los filetes. Colócalos encima de los vegetales.

Sazónalos y cubre con el resto de los vegetales. Vuelve a sazonar. Vierte encima un poco de aceite y espolvorea con paprika. Tapa la fuente con papel aluminio y hornea por 20 minutos o hasta que esté tierno. Destapa y cocina hasta que los vegetales estén dorados por encima.

ARROZ CON POLLO

1 o 2 pollos trozados
aceite para sofreír
1 cebolla
3 dientes de ajo picado
1 pimentón rojo en pedazos pequeños
1 taza de arroz
1 taza de agua
1 taza de cerveza
2 hojas de laurel
1 cucharadita de comino
1 cucharadita de paprika (ají de color)
1 taza de arvejas (opcional)

Pon a dorar en una olla el pollo por los dos lados; sácalos de la olla y en ésta, sofríe la cebolla con los ajos y el pimentón. Agregar el pollo, el arroz, el agua, la cerveza, las hojas de laurel, las especies y las arvejas. Asegurarse de que todo quede cubierto con líquido, si no, agrégale agua. Cocinar tapado a fuego medio hasta que el agua se evapore, por lo menos una hora.

FRICASÉ DE POLLO

1 pollo
harina
sal y nuez moscada a gusto
1 taza de caldo
1 cucharada de jugo de limón
1 cucharada de alcaparras
1 vaso de vino blanco
1 pizca de azúcar
1 yema
espárragos cortados y champiñones a gusto

Corta el pollo en presas y pásalas por harina. Dóralas en aceite caliente y agrega el caldo, la sal y la nuez moscada. Déjalo cocinar con la olla tapada por 45 minutos. Cuando el pollo esté tierno, incorpora el jugo de limón, las alcaparras, los espárragos, los champiñones, el azúcar y el vino. Cocinar un poco más aproximadamente 15 minutos y espesar la salsa con una yema, cuidando que no hierva.

POLLO A LA MARROQUÍ

1 pollo de 2 kgs.
4 cucharadas de aceite de oliva
1 cucharadita de azafrán
1 taza de aceitunas verdes
1 limón cortado en rodajas
agua

Troza el pollo en 8 pedazos. Salpicale aceite a las prezas y espolvoréalas con el azafrán. Pon el pollo en una olla y cúbrelo con las aceitunas y las rodajas de limón. Cúbrelo con agua y cocina a fuego lento por 1 1/2 horas. Sírvelo con arroz blanco o puré de manzanas.

POLLO AGRIDULCE (I)

Para dos pollos
Salsa:
1/4 taza de margarina parve derretida
1/2 taza de ketchup o salsa de tomates
1/4 de taza de jugo de limón
1/2 taza de miel
2 cucharadas de salsa de soya
1/2 cucharadita de jengibre en polvo

Mezcla todos los ingredientes en un bol. Pon los pollos trozados en una cacerola para hornear. Cúbrelos con la salsa que hiciste. Hornea a fuego medio alto por 1 1/2 horas.

POLLO AGRIDULCE (II)

1 pollo
3 cucharadas de vinagre
3 cucharadas de azúcar
1 1/2 vasos de jugo de naranja
2 cucharadas de maicena
ajo, pimienta y sal
el jugo de 1 limón

En una olla, a fuego lento, pon el vinagre y el azúcar hasta formar un caramelo. Agrégale 1/2 taza de jugo de naranja. En lo que resta del jugo de naranja, disuelve la maicena. Ya disuelta, incorpórala al caramelo, revolviendo hasta que quede espeso. En una cazuela pon el pollo y vierte sobre él la salsa. Agrega las especies. Llevar al horno medio alto y cocinar por 1 hora.

POLLO AGRIDULCE
ESTILO CHINO (I)

1 yema de huevo
2 cucharaditas de agua
1 cucharada de harina
1 cucharada de maicena
500 grs. de pollo deshuesado cortado en cúbitos
aceite
1 diente de ajo molido
1 pimentón verde cortado en cuadritos
1 cebolla cortada en rebanadas
1 1/2 taza de piña cortada en cuadritos

Para la salsa:
3/4 taza de agua
1 cucharada de maicena
1 cucharada de ketchup
1 cucharada de salsa de soya
4 cucharadas de azúcar
4 cucharadas de vinagre de vino
1 pizca de pimienta

Haz la salsa primero, mezclando todos los ingredientes en un bol y déjalo a un lado.
En otro bol, bate la yema de huevo junto con el agua, agrégale la harina y la maicena y mezclando bien. Agrega los cubos de pollo para que se impregnen bien. En una sartén, pon el aceite y dora el pollo por aproximadamente 8 minutos. Sácalos y ponlos en una servilleta absorbente. Dejar a un lado.
En la misma sartén o en un wok, pon a fuego alto 2 cucharadas de aceite. Agrega el ajo, el pimentón y la cebolla. Cocínalos por 1 minuto; si la sartén se ve seca, agrégale unas gotitas de agua. Agrega la piña y el pollo. Agrégale la salsa que hiciste al principio. Cocina, revolviéndolo hasta que la salsa haga burbujas y se espese.

POLLO AGRIDULCE ESTILO CHINO (II)

1 cucharada de maicena
1/4 de taza de salsa de soya
1 taza de piña cortada en cubos
3 cucharadas de vinagre
3 cucharadas de azúcar rubia
1/2 cucharadita de jengibre molido
1/2 cucharadita de ajo en polvo
3 escalopas de pollo cortadas en cubos
1 cucharada de aceite
1 pimentón rojo cortado en tiras (juliana)
1 pimentón verde cortado en tiras (juliana)

En un bol, mezcla la maicena, la salsa de soya, la piña, el vinagre, el azúcar, el jengibre y el ajo en polvo. Déjalo a un lado.

En una sartén o wok, pon el aceite y dora los cubos de pollo por aproximadamente 8 minutos. Agrega los pimentones, cocinándolos por 2 minutos. Agrégale la salsa y cocina hasta que todo hierva. Servir sobre arroz.

POLLO AL ESTILO HAWAIANO

1 pollo trozado
1/2 taza de harina
aceite
1 cucharadita de sal
1/4 de cucharadita de pimienta
1 lata de piña en cubos
1 taza de azúcar
2 cucharadas de maicena
3/4 de taza de vinagre
1 cucharada de salsa de soya
1/4 cucharadita de jengibre
1 cúbito de pollo

Moja los pedazos de pollo y cúbrelos con la harina por todos los lados. Calienta el aceite en una sartén, dora los trozos de pollo y ponlos en una cazuela para hornear. Abre la lata de piña y sácale el jugo. Mide cuánto jugo hay, y agrégale agua, si es necesario, para así completar 1 1/4 tazas. En una olla pequeña, combina el azúcar con el jugo de piña, la maicena, el vinagre, la salsa de soya, el jengibre y el cúbito de pollo. Deja que la mezcla hierva por dos minutos. Verter sobre los trozos de pollo. Hornear a fuego medio por 30 minutos destapado. Agrégale los cubitos de piña y hornea por otros 30 minutos. Puedes servirlo sobre arroz.

POLLO AL ESTILO ISRAELÍ

1 pollo de 2 kgs. cortado en trozos
1 cebolla grande cortada en rodajas
1 cabeza de puerro cortada en trozos
1 zanahoria cortada en rodajas
1 taza de jugo de naranja
1 taza de vino blanco
sal y pimienta a gusto
1 cucharadita de comino
1 cucharadita de pimentón
3 cucharadas de aceite
1/2 taza de pasas
2 naranjas

Dispón en una fuente honda la cebolla, el puerro y la zanahoria. Vierte el vino y el jugo de naranja y agrega los condimentos. Pon a marinar el pollo en esta mezcla durante 2 horas, dándolo vuelta. Retira los trozos de pollo, sécalos y fríelos en una sartén con aceite caliente. Acomoda las porciones en una fuente para el horno, con la piel hacia abajo. Vuelca encima el líquido en que se marinaron y distribuye en forma pareja las verduras. Cubre la fuente y cocina en el horno a temperatura media por 1 hora. Da vuelta las presas y agrega las pasas. Cocina por 30 minutos destapado hasta que el pollo se dore. Retíralo y sírvelo en una fuente. Cuela el líquido de cocción y hiérvelo en una cacerola hasta que se reduzca a la mitad y obtengas una salsa de color café. Pela las naranjas y sepáralas en gajos. Colócalos junto con las pasas por encima y alrededor del pollo. Cubre todo con la salsa y sírvelo.

POLLO CON APIO

1 pollo de 2 kgs.
3 cucharadas de aceite
2 tazas de cebollines
1 apio cortado en cúbitos (sin hojas)
1/2 taza de pasta de tomates (triple concentrado)
sal y pimienta a gusto
1 taza de agua

Dora el pollo en aceite y agrega las cebollas, los cúbitos de apio, la pasta de tomates, los condimentos y el agua. Cocina a fuego lento por 1 1/2 horas. Si es necesario, agrégale mas agua.

POLLO CON BRÓCOLI AL ESTILO CHINO

6 escalopas de pollo
2 cucharadas de aceite
4 tazas de vegetales mixtos en tamaño de bocados: brócoli, coliflor, pimentones rojos en tiras, y cebollas o la combinación que tu prefieras (recuerda de revisar bien los vegetales que estén libres de insectos)

Salsa:
1 1/2 tazas de caldo de pollo
3 cucharadas de salsa de soya
2 cucharadas de maicena
2 cucharaditas de azúcar rubia
1 cucharadita de ajo en polvo
3/4 cucharadita de jengibre

En un bol mezcla todos los ingredientes de la salsa y ponla a un lado. Corta las escalopas de pollo en cúbitos. En una olla agrega las dos cucharadas de aceite y cocina el pollo hasta dorar por aproximadamente 8 minutos. Agrégale los vegetales y cocínalos por 3 minutos. Agrégale la salsa hasta que hierva. Servir sobre arroz.

POLLO CON CEBOLLA Y CIRUELAS

1 pollo grande trozado
1 1/2 kgs. de cebollas
250 grs. de pasas
100 grs. de nueces
250 grs. de ciruelas secas
1/4 de taza de aceite
1 cucharadita de canela
1/8 de cucharadita de jengibre
1 cucharadita de azúcar
1/4 de cucharadita de nuez moscada
1 cucharadita de sal

Corta las cebollas a lo largo en trozos grandes. Coloca en una olla con aceite, una capa de cebolla, una capa de pollo y espolvorea con la mezcla de los condimentos. Ordena luego una capa de frutas secas, nuevamente una de cebollas y repite las capas hasta terminar con los ingredientes. Cocina en agua; primero a fuego fuerte y después a fuego suave por 2 a 3 horas. 15 minutos antes de completar el tiempo agrega las nueces, espolvoreadas con canela y azúcar.

POLLO CON JUGO DE NARANJA

1 a 2 pollos trozados
2 tomates trozados
1 cebolla cortada en tiras
2 tazas de jugo de naranja
1 cucharadita de sal
1 cucharadita de ajo en polvo
1/2 cucharadita de pimienta
Comino a gusto
5 papas trozadas (opcional)
1 poco de vino tinto dulce (opcional)

En una cacerola para hornear, arregla los pedazos de pollo. Agrégale los tomates, la cebolla, el jugo, las especies y las papas. Asegúrate que el jugo cubra el pollo. Hornea a fuego medio por 1 hora, tapado. Destápalo y agrégale el vino tinto. Hornear posteriormente destapado por lo menos 1/2 hora más. Servir caliente.

POLLO CON MANZANAS Y MIEL

Típico plato para Rosh Hashaná
1 pollo trozado
2 cucharadas de mostaza
2 cucharadas de miel
1/4 de cucharadita de pimienta
4 manzanas
1/2 taza de agua
1/2 taza de vino tinto seco

Combina la mostaza, la miel y la pimienta en un bol. Pinta los pedazos de pollo con esta salsa y ponlo en una cazuela. Corta las manzanas en cubos medianos sin pelar. Arréglalas alrededor del pollo. Mezcla el agua con el vino y agrégaselo al pollo. Hornea a fuego medio alto por una hora, lubricando ocasionalmente el pollo con la salsa. Hornéalo hasta que la piel se dore.

POLLO CON MOSTAZA

2 pollos
1 cebolla en rodajas
2 dientes de ajo picados
1 cucharadita de sal
1 pizca de pimienta
1 cucharada de vinagre
6 cucharadas de mostaza
4 cucharadas de ketchup

En una fuente para el horno pon las presas de pollo y las cebollas. Une los otros ingredientes y vierte sobre éste. Cúbrelo y lleva al horno a fuego medio por 1 1/2 horas. Agrega el agua necesaria para que no se seque el pollo.

POLLO CON SALSA DE DAMASCOS

Para un pollo
6 cucharadas de mermelada de damascos o duraznos
3 cucharadas de jugo de limón
3 cucharadas de ketchup o salsa de tomate
3 cucharadas de mayonesa
1 cucharada de mezcla para sopa de cebolla (cubito de cebolla)

En una olla pon todos los ingredientes de la salsa y cocínalos hasta que queden bien mezclados. En un pyrex, ordena los pedazos de pollo y cúbrelos con la salsa. Hornéalo tapado por 1 hora. Destápalo y hornéalo por 15 minutos más. Si se secó, agrégale un poco de agua.

POLLO FRITO AL HORNO

1/4 taza de margarina parve
1/2 taza de harina
1 cucharadita de sal
1 cucharadita de paprika
1/4 cucharadita de pimienta
1 pollo trozado

Derrite la margarina en una cazuela para el horno. Mezcla la harina, la sal, la paprika y la pimienta. Moja las presas de pollo y unta cada presa en la mezcla de la harina. Lleva al horno descubierto hasta que el pollo esté bien cocido, alrededor de 45 minutos.
Variación: sustituye la harina por 1 taza de corn flakes molido o pan rallado. Y sigue el mismo procedimiento.

POLLO RELLENO

1 pollo grande
sal y pimienta a gusto
1 cebolla
el jugo de un limón

Relleno:
3 tazas de farfel de matzá o matzá cortada en pedacitos
3/4 de taza de agua fría
1 cebolla
3 cucharadas de grasa de gallina o aceite
2 huevos
sal y pimienta
1 pizca de jengibre
1/4 de taza de apio picado
2 cucharadas de perejil picadito

Condimenta el pollo con la pimienta y la cebolla picada. Frótalo con el jugo de limón. Déjalo así durante 4 horas.
Relleno: Humedece el farfel de matzá en agua fría. Dora la cebolla picada en la grasa o en el aceite y agrega el farfel exprimido a la cebolla. Agrega

los demás ingredientes y cocínalos durante cinco minutos. Rellena el pollo y ásalo a fuego medio.

Si deseas un relleno dulce, agrégale a la receta 1/2 taza de ciruelas secas sin semillas y una pizca de canela.

SHNITZELS O ESCALOPAS DE POLLO

6 escalopas de pollo
1 huevo batido
1 cucharadita de: sal
ajo en polvo
pimienta
paprika
pan rallado, o corn flakes molidos o harina de matzá
aceite para freír

En un bol pon el huevo batido con los condimentos. Toma las escalopas y úntalas primero en el huevo batido y luego en el pan rallado. Haz lo mismo con cada escalopa. Freír en aceite hasta dorar por ambos lados. Servir inmediatamente o frío.

POLLO RELLENO CON DAMASCOS

1 pollo entero
1/2 kg. arroz
1/3 taza de nueces picadas
10 damascos desecados cortados en trocitos
1/4 kg. de champiñones
1 tallo de apio
1 frasco de mermelada de damascos
2 cucharadas de margarina parve

Prepara el arroz y cuando esté frío, mézclalo con las nueces, los damascos, los champiñones y el apio. Rellena el pollo. Úntalo con margarina mientras se cocina, destapado, en horno mediano. Después de una hora, derrite la mermelada de damascos y pinta el pollo con ella. Sigue bañándolo con su propio jugo por 15 minutos mas.

RELLENO PARA POLLO DULCE

5 matzot
caldo de pollo
2 huevos
4 cucharadas de pasas
3 cucharadas de grasa de gallina o aceite
1 cucharada de azúcar
1 pizca de sal
1 rama de canela
cáscara rallada de medio limón

Parte las matzot y colócalas en el caldo del pollo. Posteriormente, exprímelas. Bate los huevos y mézclalos con los demás ingredientes. Deja descansar 20 minutos. Rellena el pollo previamente condimentado y ásalo por aproximadamente 1 hora.

RELLENO PARA POLLO SALADO

5 matzot
caldo de gallina
2 huevos
4 cucharadas de cebolla rallada
1 cucharada de perejil picado
1 cucharada de apio picado
1 pizca de nuez moscada
sal y pimienta a gusto

Parte las matzot y sumérgelas en el caldo de gallina. Posteriormente, exprímelas. Bate los huevos y mézclalos con los demás ingredientes. Deja reposar por 20 minutos. Rellena el pollo previamente condimentado. Asalo por aproximadamente 1 hora.

PASTEL DE CARNE
CON BERENJENA (I)

1 berenjena grande
aceite
1 kilo de carne molida
1 cebolla, en cuadritos
2 dientes de ajo, molido
1 cucharadita de orégano
1 cucharadita de tomillo
1 pizca de canela
1 pizca de sal
1 pizca de pimienta
1 1/2 taza de salsa de tomate

Salsa blanca
3 cucharadas de margarina derretida
3 cucharadas de harina
1 taza de agua
1 pizca de sal
1 pizca de nuez moscada

Rebana la berenjena con su cáscara en círculos de 1 cm. de ancho. En una sartén con un poco de aceite, fríe las berenjenas hasta dorar por ambos lados. Dejar sobre servilleta absorbente.

Combina la carne molida con la cebolla, el ajo, los condimentos y la salsa de tomate. Cocínalos a fuego lento hasta que se dore la carne, mas o menos ½ hora.

Para la salsa, toma la margarina derretida y júntala con la harina en una olla. Luego agrega el agua y cocina hasta que espese. Añade la sal y la nuez moscada.

En una cacerola para el horno pon todas las berenjenas, ordenadas una al lado de la otra. Sobre esta, esparce toda la carne y cubre con salsa blanca. Hornea por 40 minutos.

VARIACIÓN
Usa más berenjenas y haz capas de berenjena, carne y salsa blanca, repitiendo cuantas veces desees. Hornea por 40 minutos.

CEBOLLAS RELLENAS

6 cebollas medianas
1 pimentón verde
1/2 kilo de carne molida
1/2 cucharadita de sal
1/4 cucharadita de pimienta
1 cucharadita de azúcar
1/3 de taza de pasas, remojadas en agua caliente
1 taza de sopa de pollo
1 cucharada de aceite

Pela las cebollas y quítales el centro, con cuidado, sin romper la parte inferior, que no vaya a quedar un hoyo. Reserva los centros. Pon las cebollas en un a olla y agrega suficiente agua para cubrirlas. Cocínalas a fuego lento hasta que estén suaves, (aproximadamente 20 minutos).
Corta en pedazos chicos los centros reservados y sofríelos en una sartén junto con el pimentón verde. Agrega la carne, la sal, la pimienta y el azúcar. Cocina hasta que la carne se dore. Retira del fuego y agrega las pasas.
Rellena las cebollas con la mezcla de la carne. Ordena en una bandeja para el horno una cebolla al lado de la otra, vierte el caldo de pollo sobre ellas y hornea por 40 minutos o hasta que se doren, mojando de vez en cuando con el caldo de pollo para prevenir que se quemen.

ALBÓNDIGAS AGRIDULCES

1/2 kg. de carne molida
3/4 taza de miga de pan
1 diente de ajo machacado
2 cucharaditas de sal
1 cucharadita de pimienta negra
1 cucharadita de pimienta inglesa
1 huevo
2 tazas de jugo de naranja
1 taza de jugo de damascos o 1/2 taza de damascos desecados en trozos
1 lata de ananá (piña) en trozos con su jugo
3 cucharadas de miel
1 cucharada de azúcar rubia
1 limón en rodajas
30 o 50 gr. de pasas
3 cucharadas de ketchup
2 cucharadas de maicena

Mezcla la carne con la miga de pan, la sal, la pimienta, y el huevo, y forma las albóndigas.

Mezcla en una olla el jugo de naranja, el de damasco, el ananá (piña) con su jugo, la miel, el azúcar, el limón, las pasas y el ketchup. Cocina a fuego medio hasta que empiece a hervir. Pon las albóndigas y cocina a fuego lento durante 1 hora. Diluye la maicena en 4 cucharadas de agua fría e incorpórala a las albóndigas. Sigue cocinando a fuego lento hasta que el líquido se espese.

YAHNI

2 kg. de cebollas chicas (revisadas)
3 limones grandes
1 kg. de carne para la olla
3 tomates
aceite
sal
pimienta

Cocinar las cebollas durante 30 minutos en aceite. Cortar la carne en pequeños trozos, añadir a las cebollas con el jugo de limón y los tomates licuados. Sazonar bien y dejar cocinar aproximadamente por 2 horas. Agrega agua o caldo de carne cuando se vea seco.

ALBÓNDIGAS DE PORRONES CON CARNE

1 kg. de carne molida
1/4 kg. de porrones
1 cebolla picada
1 tallo de apio picado
1 papa cortada en trozos
2 huevos
sal y pimienta a gusto
aceite para freír
jugo de 1 limón

Corta la parte blanca de los puerros en rodajas. Sofríe la cebolla picada en una sartén con aceite. Agrégale los puerros y cocina por 5 minutos. Incorpora la papa y el apio. Cuando todo esté tierno, escurre el jugo y tritura las verduras. Mézclalas con la carne, la sal, la pimienta y los huevos. Forma la albóndigas y fríelas en aceite. Pon las albóndigas en papel absorbente. Servir calientes o frías con jugo de limón, adornándolas con hojas de lechuga.

ALBÓNDIGAS VEGETARIANAS

1 taza de cebolla molida
1/2 taza de apio molido
1 taza de zanahorias molidas
4 cucharadas de aceite o manteca vegetal
3/4 taza de vainitas (porotos verdes) precocidas y molidas
3/4 taza de arvejas precocidas y molidas
2 huevos batidos
1 1/4 cucharadita de sal
1/2 cucharadita de pimienta
2/3 taza de harina de matzá

Para 25 albóndigas chicas, aproximadamente

Fríe las cebollas, el apio y las zanahorias en el aceite; hasta que estén suaves. Sácalos del fuego. Agrega el resto de los ingredientes y mézclalos bien. Forma albóndigas chicas. Fríelas en aceite hasta dorar por ambos lados. Puedes servirlas sobre spaghettis con salsa de tomate.
Las puedes congelar y sacar cuando las necesites.
Variación: Haz las albóndigas más grandes y sírvelas con salsa de champiñones.

COSTILLAS AGRIDULCES

2 cucharadas de aceite
1 1/2 kilo de costillas separadas
1 cebolla mediana, cortada en cuadritos
1 pimiento verde, cortado en cuadritos
1 diente de ajo molido
1 taza de jugo de piña
3/4 de taza de vinagre
3/4 de taza de agua
2 cucharadas de ketchup
1 cucharada de salsa de soya
2 cucharadas de maicena
2 cucharadas de agua
1|/2 taza de azúcar rubia

Calienta el aceite en una olla y dora las costillas en ésta a fuego medio. Cuando estén doradas, sácalas de la olla y ponlas a un lado.

Con el aceite que queda en la olla, fríe la cebolla, el pimiento verde y el ajo. Agrega el jugo de piña, el vinagre, el agua, el ketchup y la salsa de soya, mezclándolos suavemente. Combina la maicena con el agua en un vaso y agrégalo a la salsa con el azúcar rubia. Deja que hierva, revolviendo constantemente. Reduce el fuego y agrega las costillas.

Cocina destapado por 1 hora o hasta que estén blandas. Revuelve ocasionalmente.

ASADO AGRIDULCE

carne para asar, (2 kgs. más o menos)
sal
ajo en polvo
aceite para sofreír
2 cebollas a la Juliana
1 taza de ketchup, o salsa de tomate
1 lata de sopa de tomate parve o concentrado de tomate diluido en agua
2 cucharadas de jugo de limón
1 cucharada de azúcar rubia
papas peladas

Espolvorear la carne con el ajo en polvo y la sal. En una olla grande dorar la carne por los dos lados. En una sartén, sofreír las cebollas, agregarle el ketchup, la sopa de tomate o concentrado de tomate, el limón y el azúcar rubia, mezclando bien. Poner la carne en una cacerola, agregarle las papas y verter la salsa de tomates por encima de estos. Cubrir y hornear a fuego medio alto por más o menos 2 horas, o hasta que la carne se sienta suave al pincharla.

BEEF BURGUNDY

350 gr. de steaks (churrascos) cortados en tiras delgadas
1 taza de champiñones rebanados
1 cebolla mediana, cortada en chiquito
1 cucharadita de ajo en polvo
1 cucharadita de aceite
2 cucharadas de harina
1/4 cucharadita de pimienta
1/8 cucharadita de tomillo
1 taza de caldo de carne
1/2 taza de vino burgundy
1 1/2 taza de arroz

Cocina la carne, los champiñones, la cebolla y el ajo en polvo en aceite caliente en una sartén, hasta dorar. Sácale la grasa que suelte. Agrega la harina, la pimienta y el tomillo. Agrega el caldo de carne y el vino y hazlo hervir. Agrega el arroz y hierve de nuevo. Cocina hasta que el arroz esté listo.

BEEF CON PIMENTONES VERDES

500 gr. de choclillo cortado en rebanadas super finas
1 cucharada de sherry seco
1 cucharada de salsa de soya
1 cucharada de agua
1/4 cucharadita de sal
1 cucharadita de azúcar
2 cucharaditas de maicena
3 1/2 cucharadas de aceite
1 diente de ajo molido
1/2 cucharadita de jengibre molido
2 pimentones verdes cortados en tiras finas
1 cucharada de agua
1/4 cucharadita de sal

Para la salsa
1 cucharada de salsa de soya
1 cucharada de maicena
1/2 taza de caldo de pollo o agua

En un bol, combina el sherry, la salsa de soya, 1 cucharada de agua, la sal, el azúcar y la maicena. Mézclalos bien y agrega la carne. Haz que se marine bien con la salsa y agrégale 1 1/2 cucharada de aceite. Dejar a un lado.
En otro bol, une todos los ingredientes de la salsa y déjalo a un lado.
Calienta un wok o sartén. Cuando esté caliente, ponle 2 cucharadas de aceite. Cuando a su vez el aceite esté caliente, pon el diente de ajo molido y el jengibre; revuélvelos una vez. Agrega la carne y cocínala revolviéndola hasta que se dore por fuera, más o menos por 1 1/2 minutos. Sácala de la sartén y ponla a un lado.
Pon 1 cucharada de aceite en el sartén, y agrega el pimentón. Cocínalos por 30 segundos. Agrégale 1 cucharada de agua y 1/4 cucharadita de sal. Cúbrelos y cocina por 1 minuto. Pon la carne en la sartén, agrégale la salsa y cocina revolviéndolos hasta que la salsa empiece a burbujear. Servir caliente sobre arroz.

BOLITAS DE CARNE AGRIDULCES

Para servir con arroz, pasta o pan

1 kg. de carne molida
1 cucharadita de sal
1/2 cucharadita de pimienta
1 cucharadita de ajo en polvo
1 huevo
1 lata de salsa de tomate diluida en agua
1 a 3 cucharadas azúcar rubia o a gusto

Mezclar en un bol la carne molida con la sal, la pimienta, el ajo en polvo y el huevo, (condimenta según tu preferencia). En una olla, pon la salsa junto con el azúcar. Calentar hasta que hierva. Mientras tanto, forma las bolitas de carne y agrégalas a la salsa que está hirviendo. Cubrir y cocinar a fuego medio por lo menos 40 minutos. Revolver ocasionalmente para que no se peguen en la olla.

CARNE CON SALSA DE CHAMPIÑONES

2 kg. de carne
sal
ajo en polvo
cubitos de pollo o carne
agua

Salsa:
1 kg. de champiñones frescos
4 dientes de ajo machacados
caldo de carne
maicena

Espolvorea la carne con la sal y el ajo en polvo. En una olla, dora la carne por ambos lados con un poquito de aceite. Agrégale agua a la carne hasta que quede cubierta. Agrega los cúbitos de pollo o de carne y cocina a fuego lento durante dos horas. Dejar enfriar. Poner en el refrigerador, y al día siguiente o después de unas horas, rebanar la carne en rodajas no muy gruesas.

Para la salsa, dora los ajos en un poquito de aceite. Agrega los champiñones y cocínalos por 10 minutos. Toma 3 tazas del caldo donde se cocinó la carne y agrégasela a los champiñones. Añade la maicena por cucharadas y deja que hierva; luego ponla a fuego lento. Si la salsa no está espesa, agrégale más maicena hasta que espese. Servir sobre las rodajas de carne.

CAZUELA HUNGARIANA

1 1/2 kg. de carne cortada en cubos
aceite
3 cebollas cortadas en cuadritos
2 zanahorias cortadas en cubos grandes
2 zapallitos italianos cortados en cubos
5 papas cortadas en cubos grandes
1 tarro de concentrado de tomates
4 tazas de agua
1/4 taza de perejil picado
2 cucharaditas de sal
1/4 cucharadita de pimienta
1 hoja de laurel

En una sartén u olla, pon el aceite para dorar los cubos de carne. Dorar por todos los lados. Sacar del fuego y poner en una caserola para hornear. Agrégale a la carne las cebollas, las zanahorias, los zapallitos y las papas. Diluye en el agua la pasta de tomate. Agrégale las especies. Vierte todo sobre la carne con los vegetales, asegurándote que queden cubiertos por la salsa. Cubre la caserola y hornea a fuego medio por 2 horas o hasta que la carne este suave.

CHOLENT (I)

Esta es una cazuela con carne, papas y porotos que se cocina a fuego lento por 24 horas. Es el plato típico del almuerzo de Shabat

250 gr. de porotos blancos remojados
3 cucharadas de aceite
1 kg. de carne cortada en trozos
3 cebollas picadas gruesas
1 diente de ajo picado
4 cucharadas de cebada
8 papas medianas cortadas en cuatro
1 hoja de laurel
sal y pimienta a gusto
agua necesaria

Dora la carne en el aceite hasta que esté dorada. Agrega los porotos, la cebada, la cebolla, las papas y los condimentos. Cubre con agua hirviendo y deja cocinar tapada por 2 horas. Despúes coloca encima de una lata de Shabat o Blej a fuego lento durante toda la noche. No olvides agregar antes de Shabat el agua necesaria para que no se te queme.

CHOLENT (II)

1/2 kg. de carne cortada en cubos
1 1/2 taza de porotos
1 1/2 taza de trigo
1 cebolla a la juliana (opcional)
8 trozos de camote o papa dulce
(Utiliza papa normal si prefieres)
1/2 taza de ketchup
1/2 taza de miel
2 cucharaditas de azúcar
2 cucharaditas de sal
1 cucharada de mostaza
agua necesaria

Dora la carne en una olla con un poquito de aceite. Agrega la cebolla y dora también. Añade los porotos, el trigo, y los camotes o papas. Pon el agua necesaria hasta cubrir y agrega el resto de los ingredientes. Cocina tapado por 2 horas a fuego medio. Pon sobre lata la olla y seguir cocinando durante toda la noche a fuego lento. Antes de Shabat revisar que tenga abundante agua para que no se queme.

ORIZA O CHOLENT SEFARDÍ

Esta es una cazuela con carne, papas y porotos que se cocina a fuego lento por 24 horas. Es el plato típico del almuerzo de Shabat.
2 tazas de trigo
1/2 taza de porotos
1/2 taza de aceite para sofreír
6 dientes de ajo
8 pedazos de carne cortadas en cubos
1 pizca de ají picante en polvo
2 cebollas grandes en tiras
2 camotes cortados en tamaño de 1 huevo
5 cucharaditas de sal
5 cucharadas de azúcar
5 tazas de agua

La noche anterior de cocinar o 3 horas antes a lo menos, remoja el trigo y los porotos en agua (por separado). En una olla con un poco de aceite, sofríe los ajos enteros con la carne hasta dorar. Agrégale el ají picante. En otra olla, sofríe en aceite la cebolla hasta que estén transparentes. Agrega la cebolla sofrita a la olla de la carne. Agrega los camotes, los porotos, la sal, el azúcar y 3 1/2 tazas de agua. Cocina con la olla cubierta a fuego medio, por 1/2 hora. Agrégale el trigo y cocina a fuego lento por dos horas más, si se llega a secar, agrega más agua. Pon una lata sobre la cocina y deja la olla sobre esta lata a fuego lento. Antes de Shabat revisa que no esté seca. No tocar hasta el almuerzo de Shabat o cocina por aproximadamente 8 horas a fuego lento.

PAN DE CARNE

1 kg. de carne molida
2 tazas de concentrado de tomates diluido en agua
1 taza de migas de pan
1/2 taza de cebolla cortada en cubos
1/2 taza de pimentón verde cortado en cúbitos
1 huevo batido
sal, pimienta, ajo en polvo, orégano, albahaca al gusto

En un bol combina todos los ingredientes y mézclalos bien. Pon la mezcla en una bandeja de pan de molde. Cocina en horno medio alto por 1 hora y 15 minutos, aproximadamente.

PASTEL DE CARNE CON BERENJENA (II)

1 kg. de berenjenas
1/2 kg. de carne picada
1 cebolla grande picada
1 tomate cortado en trocitos
1 huevo
sal y pimienta a gusto
salsa de tomates

Pela y corta las berenjenas en tajadas medianas, a lo largo. Déjalas 1/2 hora en agua con sal para quitar lo amargo de éstas. Cuélalas y déjalas escurrir durante 1 hora. Sécalas bien y fríelas en aceite caliente. Ponlas a un lado.
Fríe la cebolla, agrega la carne picada, el tomate, el huevo batido, sal y pimienta. Deja cocinar a fuego lento por 1/2 hora. Coloca en un pyrex una capa de berenjenas, una de carne y así sucesivamente hasta terminar con todos los ingredientes. La última capa debe ser de berenjenas. Cubre con salsa de tomates y salsa blanca (sin leche) o con un huevo batido. Hornear por 20 minutos. Servir caliente.

PASTEL DE PAPAS CON CARNE

Salsa de carne:
1 kg. de carne molida
2 cucharadas de vinagre
2 cebollas cortadas en cuadritos
4 cucharadas de concentrado de tomates
2 tazas de agua
1 cucharada de sal
1 cucharada de ajo
1 cucharadita de pimienta
2 cucharadas de azúcar
2 hojas de laurel
aceitunas (opcional)

Papas:
8 papas peladas
2 a 3 huevos
1 cucharadita de sal
1 pizca de pimienta

Dorar la carne en una sartén u olla. Deshacerse de toda la grasa que expelió, ya sea colándola o quitándola con una cuchara. Devolver la carne al sartén u olla. Diluir el concentrado de tomates en 2 tazas de agua y agregársela a la carne , asegurándose que la salsa cubra la carne. Agregar el resto de los ingredientes a la carne. Cocinar cubierto a fuego medio por lo menos 35 minutos, si se llega a secar, échale más agua.
Mientras la carne se cocina, hervir 8 papas hasta que se pongan suaves. Cuando estén listas, colarlas y aplastarlas para hacer puré. Agrégale sal, pimienta y 1 a 2 huevos. Cuando la carne ya esté lista, en un pyrex, poner una capa de puré de papas y luego una capa de la salsa de carne, repetir tapando el pastel con una capa de papas. Cubrir esta última con un huevo batido. Hornear destapado por 20 a 30 minutos o hasta que se dore la capa superior.

REPOLLO RELLENO CON CARNE

1 repollo blanco, grande
1/2 kg. de carne molida
2 cucharadas de arroz
1 cebolla frita en aceite
2 huevos
miga de un pan, remojada y exprimida
sal y pimienta a gusto

Salsa:
1 cebolla picada
2 cucharadas de aceite
2 tomates pelados y picados
sal a gusto
2 cucharadas de azúcar
jugo de un limón

Toma el repollo y saca cuidadosamente cada hoja. Lávalas bien y ponlas en una olla con agua hirviendo por 3 minutos o hasta que se ablanden un poco. Retíralas y cuélalas. Prepara el relleno, mezclando la carne, el arroz, la cebolla frita, el pan, los huevos, la sal y la pimienta. Rellena con ésta las hojas. Envuélvelas doblando primero los costados hacia adentro y enrollando en el otro sentido. Puedes poner un escarbadientes en cada rollito para que no se abran. Ponlos en una olla bien juntos, cubre con la salsa y agua.
Para la salsa une la cebolla, los tomates, sal, un poco de agua, azúcar y limón.
Tapa la olla y cocina a fuego fuerte primero y luego más suave por 1 hora, aproximadamente.

TOMATES RELLENOS

4 tomates cortados al medio
1/2 kg. de carne molida
2 cucharadas de harina de matzá
1 huevo batido
pimienta, sal, perejil picado
1 huevo

Corta los tomates y reserva la pulpa. Mezcla la carne con el huevo y una cucharada de haría de matzá. Agrégale perejil, sal y pimienta. Rellena el tomate. Pasa la parte de arriba del tomate por la harina de matzá y huevo batido y fríe en aceite caliente poniendo los tomates cabeza abajo. Cuando la carne esté dorada, sácalos del fuego, colócalos en una asadera con la parte de la carne hacia arriba. Licúa la pulpa con un poco de sal y pon encima de los tomates. Tápalos y hornea por 35 minutos, aproximadamente.

ZAPALLITOS RELLENOS

1 kg. de carne molida
sal
ajo en polvo
pimienta
2 huevos
3 a 4 zapallitos gordos para rellenar
pan rallado
aceite
azúcar

Condimenta la carne molida con la sal, el ajo en polvo y la pimienta. Agrégale 1 huevo y mezcla bien. Corta los zapallitos en rodajas de 3-4 cm. de alto y quítales la carne blanca del centro. Pon la carne del zapallito a un lado. Rellena cada zapallito con la mezcla de la carne. Unta los extremos en el huevo batido y luego en el pan. En una olla grande, pon un poco de aceite y 1/2 taza de azúcar; espera que se derrita, hasta que forme un caramelo. En éste caramelo, dora los extremos de los zapallitos rellenos. Cuando ya los doraste todos, colócalos uno al lado del otro. Cubre esto con agua y dejar cocinar por 1 1/2 horas.

Acompañantes

ARROZ TURCO

1 taza de fideos cabellos de ángel
aceite
2 tazas de arroz
4 tazas de agua
2 cubitos de caldo, sabor a pollo
1 diente de ajo
sal

Pon en una olla aceite con los fideos cabello de ángel y dóralos hasta que queden de color caramelo (Manténlo a fuego bajo ya que se queman fácilmente).
Agregar 2 tazas de arroz revisado y el resto de los ingredientes. Revolver hasta que el arroz se ponga blanco. Poner un tostador a fuego lento y la olla encima, tapada. Cocinar hasta que esté listo (aproximadamente 10 minutos).

ZAPALLO ITALIANO CON CHAMPIÑONES

4 zapallos italianos
1 cebolla
400 grms. de champiñones
1 taza de concentrado de tomates
agua
sal

Corta la cebolla en plumas y sofríelas en una sartén. Corta los zapallos en cubitos y agrégalos a la cebolla. Lava y corta los champiñones a la mitad, y agrega a los zapallitos. Diluye el puré de tomate en agua de forma que quede una salsa no muy espesa, agrega a los zapallos cubriendo los vegetales. Agrega sal según tu gusto y cocina tapado por 30 a 40 minutos.

ARROZ CON ALMENDRAS Y PASAS (I)

1 taza de arroz
2 tazas de agua
sal
1 cebollas cortada a plumas
1 taza de pasas (remojadas en agua tibia)
1 taza de almendras rebanadas (sin piel)
1 cucharada de azúcar

Cuece el arroz con el agua y la sal hasta que esté listo. Déjalo a un lado. En una sartén fríe las cebollas junto con el azúcar hasta que se doren . Agrégale las pasas y almendras, y mézclalos. Vierte estos sobre el arroz y revuélvelos bien. Servir caliente como acompañante.
VARIACIÓN: puedes sustituir el arroz por pasta de tamaño chico como por ejemplo: corbatitas, caracolitos, etc. Y sigue el mismo procedimiento anterior.

KUGUEL DE ESPINACA

600 grs. de cabellos de ángel
500 grs. o más de espinaca cocida (hervida) y picada
1 cebolla grande a la juliana frita
2-3 cucharadas de cubito de cebolla
4-6 huevos
1/2 cucharadita de sal
1/2 cucharadita de pimienta

Hierve los cabellos de ángel por 3 minutos y cuélalos. En un bol, mezcla los cabellos de ángel con la espinaca, la cebolla sofrita, el cubito de cebolla, los huevos la sal y pimienta. Revuélvelos bien y vierte en una bandeja para el horno. Hornear por aprox. 40 minutos o hasta dorar la parte superior.

PASTEL DE ESPINACA

2 bolsas de espinacas o acelgas
250 grms. de champiñones cortados chicos
1 cebolla cortada en cubitos
1 - 2 huevos
sal
pimienta
masa de knishes o masa de hoja (opcional)

Antes de cocer las espinacas o las acelgas, revísalas bien que estén libres de insectos. Después de cocidas córtalas en trozos pequeños. En un sartén sofríe los champiñones junto con la cebolla hasta que queden bien sofritos. En un bol une las espinacas, los champiñones con la cebolla, los huevos y condimenta con sal y pimienta a gusto. Poner en una budinera y llevar al horno por 30 a 40 minutos.
Si deseas puedes poner la masa de los knishes en una bandeja para el horno, pon en el centro el relleno de espinaca y cubre con la masa otra vez. Pinta la masa con un huevo batido. Hornea hasta que la masa se dore, por 30 a 40 minutos.

ZANAHORIAS ACARAMELADAS

10 zanahorias, rebanadas en círculos no tan delgados
¼ taza de aceite
¾ cucharada de sal
6 cucharadas de azúcar
10 dientes de ajos, molidos
Jugo de 1 limón
Comino a gusto

En un bol, arregla las zanahorias rebanadas y agrégales el aceite, la sal, azúcar y ajo. Revuélvelas bien y déjalas reposar por aproximadamente 10 minutos, hasta que suelten un poco de agua. En una bandeja para el horno, esparce bien la mezcla de las zanahorias. Cocínalas en el horno por aproximadamente 1 o 2 horas, revolviéndolas cada 30 minutos, hasta que se doren y se vean brillantes. Agrégales el limón y comino, mezclando bien. Sírvelas calientes como acompañante de carne, pollo o pescado.

CAZUELA DE PORRONES Y TOMATES

2 porrones grandes cortados de a 4 cms.
2 cebollas cortadas en 8 partes cada una
10 tomates
1 cucharada de perejil picado
1 hoja de laurel
2 dientes de ajo molidos
1 cucharadita de sal
1 pizca de pimienta
2/3 taza de caldo de vegetales o pollo
1/4 taza de aceite
1 cucharada de jugo de limón
1 pizca de tomillo molido

Precalienta el horno a fuego alto. Pon todos los ingredientes en un bol grande y mézclalos bien. Viértelo todo en una cacerola para el horno y cúbrela con una tapa o papel aluminio. Hornea por 1 1/2 horas hasta que todo esté suave. Sírvelo caliente.

ALMODROTE DE BERENJENAS

2 berenjenas grandes
2 ó 3 huevos
sal a gusto
aceite (la cantidad necesaria)
200 grs. de queso rallado (opcional)

Asa las berenjenas, preferiblemente sobre la llama del gas o sobre un tostador. Cuando estén bien tiernas, pélalas bajo el chorro del agua y escúrrelas en un colador. Pícalas bien y mézclalas con el huevo y la sal. Aceita un molde para el horno y vierte la mezcla. Rocíalo con aceite por encima y hornea a fuego medio hasta dorar, aproximadamente 35 minutos. Puedes echarle 200 grs. de queso rallado si quieres. La mitad dentro de la mezcla; la otra, la pones encima después de 20 minutos de cocción.

RODAJAS DE PAPAS CON CEBOLLA

6 papas rebanadas con la piel
2 cebollas rebanadas
sal y pimienta a gusto
4 cucharadas de aceite
3 a 4 cucharadas de polvo de sopa de cebolla

En un bol, pon las papas rebanadas y las cebollas. Agrega sal y pimienta según tu gusto. Añade el aceite y el polvo de cebolla diluido en 1/2 a 1 taza de agua. Mezcla todo bien.

Verter en una bandeja para el horno. Cubrir y cocinar por 1 hora, aproximadamente, o hasta que las papas estén suaves.

FRITURAS DE AJOPORRO

6 porrones
4 papas
1 a 2 huevos
pan rallado o harina de matzá
sal y pimienta a gusto
aceite para freír

Lavar y limpiar los porrones. (Usaremos todo el tallo blanco más 6 cms. de lo verde). Ponerlos en una olla con agua junto a las papas peladas. Cocinar hasta que las papas estén bien cocidas y luego colar. Exprime todo el exceso de agua que tengan los porrones y muélelos en un procesador de alimentos. Luego aplastar las papas haciendo un puré y únelas a los porrones. Ya unidos poner en un bol y agregar 1 o 2 huevos, 1/2 taza de pan rallado, la sal y la pimienta. Si la mezcla está muy suave agrégale más pan. Forma albóndigas y sumerge cada una primero en huevo batido y luego en pan rallado. Freír en una sartén con aceite hasta dorar por ambos lados.

KUGUEL DE PAPAS (I)

6 a 8 papas
1 cebolla grande cortada en cuadros
2 huevos
sal y pimienta a gusto

Pela y corta las papas. Ponlos en una olla, y cocínalas hasta que estén suaves. Una vez listas aplástalas para formar un puré. En una sartén fríe la cebolla hasta dorar. Agrégala al puré de papas, junto con los huevos, la sal y la pimienta. Mezcla todo bien y pon en una bandeja para hornear. Si deseas, vierte un huevo batido sobre las papas. Lleva al horno por 30 a 40 minutos o hasta dorar.

HAMBURGUESAS VEGETARIANAS

3 zanahorias
3 papas
3 zapallitos italianos
1 a 3 huevos
1 cebolla en cuadritos
1/2 a 1 cucharadita de:
cilantro y/o perejil
pimienta negra
páprika
sal
1/2 taza de pan rallado (aproximadamente)
aceite para freír

Ralla las zanahorias, las papas, los zapallitos italianos y exprime el exceso de agua . Ponlos en un bol y mezcla con el resto de los ingredientes agregando más o menos de los condimentos según tu gusto. Forma hamburguesas y fríe en sartén con aceite hasta dorar por ambos lados.

ARROZ CHINO

1 cebolla rebanada
1 pimentón verde y/o rojo cortados en pedazos chicos
2 cebollines cortados en pedazos chicos
1 bandeja de dientes de dragón
1 1/2 taza de arroz previamente cocido
2 cucharadas o más de salsa de soya
sal a gusto

En una sartén sofríe la cebolla con el pimentón, los cebollines y los dientes de dragón. Agrega el arroz y ponle la salsa de soya y la sal. Mézclalos bien. Servir caliente.

KUGUEL YERUSHALMI

Este kuguel es dulce y picante a la vez
2 tazas de cabellos de ángel
1/2 taza de aceite
1 1/2 taza de azúcar
3 huevos
sal y pimienta a gusto

En una olla combina el aceite con el azúcar; cocina a fuego lento hasta que el azúcar se vuelva líquida y color caramelo, (aproximadamente 10 minutos). En otra olla con agua hirviendo, pon la pasta a cocinar hasta que esté lista. Cuélala y deja a un lado. Rápidamente, vierte, este caramelo sobre la pasta revolviendo vigorozamente para dispersarla bien. Espera unos minutos hasta que se enfríe. Por mientras, enciende el horno a temperatura alta y engrasa una bandeja para hornear. Agrega los huevos, la sal y la pimienta y mezcla bien. Vierte la pasta en la bandeja y hornea por aproximadamente 1 hora.

REPOLLO MORADO AGRIDULCE

1 repollo morado
sal a gusto
1 cucharadita de nuez moscada
3 cucharadas de vinagre blanco
3 cucharadas o más de azúcar rubia según tu gusto
1 taza de pasas
2 tazas de manzanas peladas y cortadas en pedazos chicos
1/2 taza de margarina
pimienta a gusto

Precalienta el horno a temperatura alta. Corta el repollo en rebanadas finas. Calienta la margarina en una olla y agrega el repollo. Agrégale la sal, la pimienta, la nuez moscada, el vinagre, el azúcar rubia, las pasas y las manzanas. Tapa la olla y lleva a ebullición. Cocinar por 10 minutos, revolviendo ocasionalmente. Retirar del fuego y poner en una bandeja para el horno. Cubrir y cocinar por 1 hora y media, revolviendo ocasionalmente.

LUMPIAS O ROLLITOS PRIMAVERA

Masa:
2 tazas de harina
1/2 cucharadita de sal
1/2 taza de agua fría
1 huevo batido

Relleno:
2 tazas de repollo cortado en tiras finas
2 cucharadas de aceite
1/2 taza de dientes de dragón
1/2 taza de cebollín picado
1 cucharadita de sal
1 cucharadita de azúcar
1 cucharada de vino para cocinar

Salsa I
1 cucharada de salsa de soya
2 cucharadas de azúcar
1 cucharadita de sal
1 huevo batido
1/4 taza de margarina derretida

Salsa II (Agridulce)
3 cucharadas de vinagre
3 cucharadas de azúcar rubia
5 cucharadas de mermelada
   de duraznos o damascos
1/4 cucharadita de jengibre
1 diente de ajo machacado
1 pizca de pimienta

Masa: En un bol combina la harina y la sal. Agrega el agua y el huevo. Mezcla hasta formar una masa suave y amásala por 2 minutos. Cúbrela y refrigérala por 30 minutos. Córtala en círculos, rellena y fríe por 8 minutos hasta dorar por ambos lados.

Relleno: En un sartén, cocina el repollo por 5 minutos; agrega el resto de los ingredientes y cocina por otros 5 minutos. Poner en un colador para que suelte el líquido. Usa 1 a 2 cucharadas para rellenar la masa.

Salsas: Mezcla los ingredientes de cada salsa. Servir sobre los rollitos calientes.

ARROZ CON ALMENDRAS Y PASAS (II)

4 tazas de arroz cocido
2 cucharadas de aceite
1 taza de almendras peladas y cortadas en trocitos
1 taza de pasas rubias

Calienta el aceite y dora las almendras por unos minutos. Agrega las pasas y mezcla bien. Añade el arroz hervido caliente y mezcla bien. Adórnalo con almendras.

ARROZ CON AZAFRÁN

3 tazas de arroz
5 1/2 tazas de agua
1 cucharadita de azafrán
1/2 taza de aceite
1 taza de almendras
2 cebollas picadas
1 taza de pasas
1 cucharadita de sal

Hierve el agua con el aceite, la sal y el azafrán. Agrega el arroz bien lavado y cuando vuelva a hervir, bájale el fuego. Cocina tapado por 20 a 30 minutos, (hasta que el líquido sea absorbido). Colócalo en una fuente para servir.
Calienta en una sartén un poco de aceite y fríe por separado las almendras, las pasas y las cebollas. Posteriormente, mézclalos y agrégaselos al arroz.

ARROZ CON BRÓCOLI Y MANÍ

1 1/2 taza de arroz
3 tazas de caldo de pollo
1 1/2 taza de brócoli (sólo la flor, no el tallo)
1/4 de taza de maní picado
2 cucharadas de salsa de soya
1/2 cucharadita de ajo en polvo

En una olla pon el caldo de pollo, el brócoli, el maní, la salsa de soya y el ajo en polvo. Déjalo hervir. Baja el fuego a lo mínimo y agrega el arroz y cocina hasta que casi todo el líquido se absorba. Cúbrelo y cocina por unos 5 minutos más.

BERENJENA CON TOMATES

4 berenjenas grandes
1/4 de taza de aceite
2 cebollas grandes en cuadritos
4 dientes de ajo molidos
2 cucharadas de perejil cortado
sal y pimienta a gusto
1 cucharada de azúcar
1 lata de pasta de tomates diluida en 4 tazas de agua
1 taza de agua
6 tomates rebanados
migas de pan

Pela las berenjenas y córtalas en rebanadas no muy gruesas. En una colador ponlas y salpícalas con sal por los 2 lados. Déjalas por 15 minutos y luego lávalas en agua fría y sécalas. Calienta en una sartén 2 cucharadas de aceite. Dora las berenjenas por los dos lados. Agrega más aceite si es necesario. Saca las rodajas y sécalas en toallas de papel. Agrega el resto del aceite y dora las cebollas y el ajo. Agrega el perejil, la sal, la pimienta, el azúcar, la salsa de tomate y el agua. Déjalo hervir y revuélvelo por 1 minuto. Precalienta el horno a fuego medio alto. En una cacerola para el horno pon 1/4 de la salsa de tomate, arregla la mitad de las berenjenas.

Encima, pon las rodajas de tomates y 1 taza de la salsa de tomate. Repite las capas. Cubre con migas de pan y hornea por 35 minutos.

FRITURAS DE CAMOTE CON JENGIBRE

Sírvelas como acompañamiento de carne o pollo
1 a 2 camotes pelados y cortados en pedazos grandes
1 huevo
2 cucharadas de harina
sal
2 cucharaditas de jengibre
aceite para freír

En una olla, pon los camotes con agua y sal. Hiérvelos y cocínalos por 15 minutos (hasta que estén suaves). Luego, aplástalos formando un puré. Agrégale el huevo, 1/2 cucharadita de sal y jengibre. Calienta un poco de aceite. Unta tus manos con harina y toma un poco de los camotes formando frituras. Úntalas frituras en la harina y fríelas por ambos lados hasta dorar. Sécalas en papel absorbente.

KUGUEL DE PAPAS (II)

6 papas peladas y cortadas en pedazos
1 cebolla grande o 2 medianas cortadas en pedazos
3 huevos
1 cucharada de sal
1/2 cucharadita de pimienta

En una batidora o centro de cocina pon primero 1 huevo.
Luego la mitad de las cebollas cortadas. Agrégale la mitad de las papas y bate hasta que todo quede líquido. Repetir hasta terminar con todas las papas, las cebollas y el huevo. Cuando esté todo batido, agrégale la sal y la pimienta. Verter en un molde engrasado y hornear a fuego medio por 40 a 60 minutos o hasta que se vea dorado.

KASHE
(ESPELTA O TRIGO SARRACENO)

1 taza de kashe
1 huevo
2 cebollas en cuadritos
8 cucharadas de aceite
sal y pimienta a gusto
1 3/4 tazas de agua
250 grs. de fideos moñitos cocidos y cortados por la mitad

Mezcla el kashe y el huevo y cocina a fuego lento, hasta que se separen los granos. Agrégale agua, sal y pimienta y cocina por otros 13 minutos. Dora la cebolla en el aceite, agrega los fideos, el kashe y más condimento si es necesario. Mézclalos bien y sirve caliente.

KUGUEL DE BRÓCOLI O COLIFLOR

2 a 3 paquetes de brócoli o coliflor
2 o 3 huevos
2/3 de taza de aceite
3 cucharadas de harina
1 cucharadita de sal
1 pizca de pimienta
ajo en polvo

Revisar cuidadosamente el brócoli o la coliflor, que estén libres de insectos. En una olla hierve el brócoli o la coliflor hasta que se pongan suaves, aproximadamente 25 minutos. Colarlos y aplastarlos como haciendo un puré. Mezclar con el resto de los ingredientes. Hornear a fuego medio, en molde engrasado, por 30 minutos.

KISHKE (I)

Ésta es una típica comida de Shabat que se come junto con el cholent en el almuerzo
2 ramas de apio
1 cebolla
2 zanahorias
1/2 taza de aceite
1 1/2 taza de harina
1 pizca de pimienta
1/2 cucharadita de sal

Poner en una procesadora de alimentos el apio, la cebolla y las zanahorias. Moler hasta que quede en pedazos pequeños y vierte todo en un bol.
Agrégale el aceite, la harina y las especies. Revolver bien hasta formar una masa. Corta 2 pedazos de papel aluminio. En uno, agrega un poquito de aceite y espárcelo bien. Pon la masa del kishke en este papel y forma un rectángulo. Envuélvelo en el papel aluminio y ciérralo bien. Envuélvelo de vuelta en el segundo papel aluminio, cuidando la forma rectangular. Poner en el horno, a fuego medio por 1 1/2 horas. Dalo vuelta a los 45 minutos para que no se queme. Deja enfriar y ponlo en la olla del cholent, antes de Shabat.

KISHKE (II)

2 zanahorias
1 cebolla
½ cucharadita de ajo en polvo
¼ cucharadita de sal
½ taza de aceite
1 a 1 ½ taza de harina

Seguir el mismo procedimiento de la receta anterior; omitiendo el apio y pimienta.

KUGUEL DE CHOCLO

3/4 a 1 kg. de choclos en granos, congelados
2 huevos
1/4 taza de aceite
1 cucharada de sal
4 cucharadas de harina
1 pizca de pimienta
4 cucharadas de azúcar o más según tu gusto

En una olla hierve los choclos hasta que estén suaves, 10 a 15 minutos. Cuélalos. En una batidora o centro de cocina pon todos los ingredientes, dejando al último los choclos. Batir o moler hasta que se forme una crema. Si te parece muy suave, agrégale más harina para obtener más consistencia. Verter en un molde engrasado y hornear a fuego medio destapado por 40 minutos o hasta que se vea dorado. Servir caliente.

KUGUEL DE ZANAHORIAS

1 taza de margarina o aceite
2 tazas de azúcar rubia
2 huevos
1 taza de zanahorias ralladas
1 cucharada de agua
1 cucharadita de extracto de vainilla
1 1/4 taza de harina
2 cucharaditas de polvos de hornear

En un bol, bate las claras de huevo hasta punto de nieve.
En otro bol, combina con batidora de mano la margarina, el azúcar, las yemas, las zanahorias, el agua y la vainilla, mezclando bien. Agrégale la harina y los polvos de hornear. Agrega las claras de huevo, revolviendo suavemente. Pon en un molde. Hornea a fuego medio por 1 hora, aproximadamente.

LATKES DE PAPA

Las frituras de papas son uno de los platos que acostumbramos a comer en la fiesta de Jánuca

4 papas
1 cebolla
1 huevo batido
1 cucharadita de sal
1 pizca de pimienta
3 cucharadas de harina (opcional)
aceite para freír

Pela y ralla tanto las papas como la cebolla. En un bol, pon los ingredientes y agrégales el huevo, la sal, la pimienta y la harina. En una sartén calienta un poco de aceite. Echa con una cuchara de sopa la mezcla y fríelas hasta que se doren por los dos lados. Agrega más aceite cuando sea necesario. Pon los latkes sobre servilletas absorbentes. Comer caliente.

RATATULI

Berenjenas mezcladas con otros vegetales
2 cucharadas de aceite de oliva
2 dientes de ajo molidos
1 cebolla cortada finamente
1 berenjena cortada en cubos
1 pimentón rojo cortado en cúbitos
4 tomates cortados en pedazos chicos
2 zapallos italianos cortados en cúbitos
1 cucharadita de albahaca
1/2 cucharadita de orégano
1/2 cucharadita de tomillo
2 cucharadas de perejil cortado

En una olla grande calienta el aceite. Agrega los ajos y la cebolla, cocinándolos hasta que se suavicen, unos 7 minutos. Agrega la berenjena y zapallos, revuelve todo hasta que se impregne bien con el aceite. Agrega el pimentón y mezcla bien. Cubre la olla y cocina a fuego medio por 10 minutos, revolviendo de vez en cuando para evitar que se pegue. Agrega los tomates y demás ingredientes y vuelve a mezclar. Cúbrelos y cocina a fuego lento por 15 minutos, más o menos, o hasta que la berenjena esté suave (pero no se deshaga). Servir caliente como acompañamiento o frío como ensalada.

TORTA DE PAPAS CON CHAMPIÑONES Y ESPINACA

4 huevos
2 tazas de champiñones frescos
1/2 kg. de papas
200 gr. de espinaca
el jugo de un limón
sal

Cocina las papas hasta que estén blandas. Písalas y añade 1 huevo, mezclándolo todo bien. Lava los champiñones, colócalos en una olla con agua y limón y cocínalos por 10 minutos. Retíralos del fuego y déjalos enfriar para luego picar. Agrégale el huevo y mezcla bien. Cocina la espinaca en agua con sal. Sácalas de la olla, escúrrelas y pícalas bien y agrégale 1 huevo. En una fuente para horno untada, coloca una capa de papas, cubre con champiñones, otra de papas, pon la mezcla de espinaca y el resto de las papas. Bate un huevo y vuélcalo sobre la torta. Hornéalo por 10 minutos, aproximadamente.

TZIMES (I)

4 tazas de zanahorias rebanadas
3 cucharadas de margarina
3 cucharadas de jugo de naranja
1 1/2 cucharaditas de sal
1/4 cucharadita de jengibre
4 cucharadas de miel

En una olla dora las zanahorias con la margarina por unos cuantos minutos. Agrega el resto de los ingredientes, cubre y cocina a fuego lento por 25 minutos. Si lo ves seco, agrégale un poquito de agua.

TZIMES (II)

Es un acompañante típico de la cena de Rosh Hashaná hecho con zanahorias y papas dulces.

1 kg. de zanahorias rebanadas de un centímetro de ancho
2 papas dulces (camotes) peladas y cortadas en cubos pequeños
1/2 cucharadita de sal
3 cucharadas de margarina
3/4 de taza de azúcar rubia

Pon las zanahorias y las papas dulces (camotes) en una olla. Agrégale agua hasta cubrir. Añade el resto de los ingredientes. Deja que hierva. Cúbrelo y cocínalo a fuego lento hasta que casi toda el agua se haya consumido.

TZIMES DE BATATAS (PAPAS DULCES O CAMOTES)

1/2 kg. de batatas (papas dulces o camotes)
1/2 kg. de manzanas peladas
1/2 kg. de zapallo amarillo
sal a gusto
4 cucharadas de aceite
1/2 taza de miel o jalea de naranjas
1/2 taza de agua
1/2 taza de vino blanco

Corta los camotes, las manzanas y el zapallo en rodajas gruesas. Hiérvelos ligeramente. Mezcla los demás ingredientes y cocina a fuego moderado por 35 minutos hasta que las manzanas estén cocidas y los camotes acaramelados.

ZAPALLOS EN SALSA DE TOMATE

1 cebolla cortada en cuadritos
2 a 3 zapallos italianos cortados en rodajas
2 zanahorias cortadas en rodajas
1 cucharadita de sal
1/2 lata de concentrado de tomates
1 a 2 tazas de agua

En una olla, sofríe la cebolla con un poquito de aceite hasta dorar. Agrega los zapallos, las zanahorias y la sal. Diluye el concentrado de tomates en el agua y agrega a la olla de los zapallos hasta cubrir. Revuelve bien. Cocina a fuego medio por 40 minutos o hasta que estén suaves las zanahorias. Servir caliente.

Postres

BAKLAVA (I)

1/2 kg. de masa de milhojas
1/2 kg. de nueces peladas
1 pan de mantequilla grande derretida   *Almíbar:*
1/2 cucharadita de agua   **1 taza de azúcar**
4 cucharadas de mantequilla   **1 taza de agua**
2 cucharadas de azúcar   **1 cucharada de miel**

Precalienta el horno a fuego suave. Muele las nueces y ponlas en un bol. Agregale el azúcar, el agua y cuatro cucharadas de mantequilla.

Toma 6 ó 7 hojas de la masa de milhojas y píntalas una por una con la mantequilla derretida y colócalas ordenadamente, una encima de la otra. Coloca las nueces a lo largo de los bordes y enrolla bien apretado. Dispón en una asadera sin engrasar y marca con un corte transversalmente, por el medio cada 4 o 5 cm. Hornéalo por 1 hora a fuego suave. El baklava debe estar hinchado y dorado.

De mientras prepara el almíbar: En una olla pon la azúcar con el agua y llevar al hervor. Agrega entonces la miel y cocina hasta que la mezcla esté transparente, apágalo y ponlo a un lado. Vierte almíbar frío sobre el baklava caliente y deja enfriar. Cuando esté listo para servir, corta los trozos siguiendo las marcas y colócalos por separado en una fuente.

BAKLAVA (II)

Usa los mismos ingredientes de la receta anterior. Acomoda la mitad de las hojas de masa en un pyrex chato sin engrasar. Pinta cada una de las hojas con la mantequilla derretida. Prepara las nueces igual que en la receta anterior. Distribuye las nueces en forma pareja sobre las hojas de milhojas en la fuente. Cubre con las hojas restantes de milhojas. También la hoja superior debe quedar pintada con mantequilla. Corta diagonalmente en forma de rombos con un cuchillo filoso. Hornea a fuego medio por una hora o hasta que se dore. Para servir, sigue los pasos de la receta anterior.

BASE PARA TARTALETAS (I) (PIES)

2 tazas de harina
1 cucharadita de sal
2/3 taza de margarina
1/3 taza de agua fría

Cierne la harina con la sal en un bol. Agrega la margarina y mezcla con la batidora de mano, hasta que los grumos de margarina estén muy chicos. Vierte el agua poco a poco hasta formar una masa y refrigérala.

BASE PARA TARTAS (II)

(Para dos tartas)
3 huevos
3/4 de taza de azúcar
3/4 de taza de aceite
1 pizca de sal
3 cucharaditas de polvos de hornear
3 tazas de harina

En un bol combina los huevos, el azúcar, el aceite, la sal y los polvos de hornear. Agrega la harina hasta formar una masa que no sea pegajosa y sea fácil de manejar.
Extender finamente (porque va a subir) sobre bandeja engrasada y usar según la receta.

BASE PARA TARTAS (III)

1 1/2 tazas de harina cernida
1/4 cucharadita de sal
1/2 taza de margarina
4 a 5 cucharadas de agua helada

En un bol pon la harina y la sal, cernidas. Agrega la margarina cortada en pedazos y mézclalos con la harina. Ve agregando poco a poco el agua a la harina y con un tenedor ve mezclando hasta que todo quede uniformemente húmedo. Usa la mínima cantidad de agua posible. Cuando hayas vertido toda el agua, haz una pelota con la masa y esparce en un molde de tarta en forma pareja. Si la necesitas ya cocida, llévala al horno con fuego alto por 10 a 15 minutos. O, rellena según la receta respectiva y cocina.

BOLITAS DE MANTEQUILLA DE MANÍ

Deliciosas y fáciles de hacer.
5 tazas de cereal "natur" de arroz o cereal "rice crispis"
1 taza de jarabe o miel de maíz
1 taza de mantequilla de maní
1 taza de azúcar
chocolate chips (opcional)

En un bol pon el cereal de arroz . En una olla pequeña, pon el jarabe de maíz, luego la mantequilla de maní y el azúcar. Cocinar a fuego lento hasta que todo se derrita, revolviendo cuidadosamente para que no se queme. Vierte esta mezcla sobre el cereal de arroz y agrega los chocolate chips. Mézclalos bien. Forma pelotitas y refrigera o vierte en un molde de queque para cortar después en cuadrados. Poner en el refrigerador o freezer.

BRAZO DE REINA (LIMÓN)

5 huevos separados
3/4 taza de azúcar
1/4 cucharadita de sal
1/2 taza de harina
3 cucharadas de margarina derretida
1 cucharadita de vainilla
relleno de limón en la pag. 179

Bate las claras de huevo hasta punto de nieve. Mezcla las yemas con el azúcar, incorpora la harina, la sal, margarina y vainilla. Agrega las claras de huevo y mezclar bien con una cuchara. Toma una bandeja de 37.5 x 25 cm. y fórrala con papel encerado. Vierte la mezcla. Llevar a horno precalentado por 18 minutos.
Sacar del horno y poner sobre un papel encerado espolvoreado con azúcar flor. Saca el papel encerado que tiene encima, rellena con la crema de limón y corta las puntas para que quede parejo. Enrolla el pastel y cuando se enfríe decora con azúcar flor.
VARIACIÓN: el relleno puede ser con crema rich´s, de mermelada, de pudin de chocolate, etc.

BROWNIES (I)

Rápidos de hacer y deliciosos
4 huevos
2 tazas de azúcar
1 taza de aceite
2 cucharaditas de extracto de vainilla
1 1/3 taza de harina
1 cucharadita de polvos de hornear
1 cucharadita de sal
3/4 taza de cacao amargo en polvo

Mezclar en un bol con batidora eléctrica los huevos, el azúcar, el aceite y el extracto de vainilla. Cuando estén bien mezclados, agrégale la harina, los polvos de hornear, la sal y el cacao. Bátelos bien. Engrasa un molde de torta con aceite y vierte la mezcla de los brownies. Hornear a fuego medio por 35 - 40 minutos

BROWNIES (II)

1 taza de margarina o aceite
2 tazas de azúcar
2 cucharaditas de extracto de vainilla
4 huevos
1 taza de harina
2/3 taza de cacao en polvo
1/2 cucharadita de polvos de hornear
1/2 cucharadita de sal
1 taza de nueces picadas (opcional)

En un bol bate el aceite, el azúcar y la vainilla. Agrégale los huevos y mezcla bien. Después, incorpora la harina, el cacao, los polvos de hornear y la sal. Bátelos bien. Por último, agrega las nueces. Vierte la mezcla en una bandeja engrasada. Lleva al horno a fuego medio alto y cocina por 25 minutos o hasta que los brownies se empiecen a separar de los bordes de la bandeja. Dejar enfriar. Decora con crema de chocolate.

Crema de chocolate para 2 tazas, aproximadamente:
6 cucharadas de margarina
6 cucharadas de cacao
2 cucharadas de jarabe de maíz o miel
1 cucharadita de extracto de vainilla
2 tazas de azúcar flor
2 ó 3 cucharadas de agua

En un bol bate la margarina, el cacao, el jarabe de maíz y la vainilla hasta mezclar bien. Agrega el azúcar flor y el agua. Bate hasta que tome la consistencia necesaria para esparcir sobre los brownies.

BROWNIES BLANCOS

8 cucharadas de margarina
1 1/2 tazas de azúcar rubia
1 1/2 taza de harina
1/2 cucharadita de sal
2 huevos
1 1/2 cucharadita de extracto de vainilla
1 1/2 cucharadita de polvos de hornear
3/4 taza de nueces picadas

Precalienta el horno a fuego medio alto. Derrite la margarina en una olla, agrega el azúcar y mezcla hasta que esté suave pero que no se vuelva caramelo. Sácalo del fuego y deja enfriar. En un bol, pon la harina, los polvos de hornear y la sal. En otro bol, incorpora los huevos a la mezcla del azúcar. Agrega la vainilla y la mezcla de la harina, gradualmente. Agrega las nueces. Pon en una bandeja engrasada y hornea por 50 - 60 minutos o hasta que se empiece a separar de los bordes de la bandeja. Enfría completamente antes de cortar.

COCADAS

3 vasos de coco rallado
3 huevos
1 vaso de azúcar
ralladura de limón
1 chorrito de extracto de vainilla

Poner todos los ingredientes en un bol y mezclar bien. Formar pelotitas compactas. Ordenar en una bandeja para el horno una al lado de la otra. Llevar a horno medio alto hasta que se doren. Dejar enfriar para servir. Si quieres hacer más cantidad, agrega 1 huevo por cada vaso de coco rallado.

CREMA PASTELERA

1 huevo
2 a 3 cucharadas de maicena
1/2 taza de azúcar
2 tazas de agua, o leche o
1 de agua y 1 de crema rich's
1 cucharada de extracto de vainilla

Mezcla el huevo con la maicena y el azúcar en una olla. A fuego medio ve agregando el agua o la leche de a poco, revolviendo constantemente hasta que la mezcla espese. Si no se te espesa, agrega un poco más la maicena disuelta en un poquito de agua. Reduce el fuego y cocina por 5 minutos. Retira del fuego, agrega la vainilla y deja enfriar.

CUADRITOS DE MERMELADA

1 1/2 taza de margarina o aceite
1 1/4 taza de azúcar
2 huevos
1 cucharadita de vainilla
1 cucharadita de sal
3 3/4 taza de harina
1 taza de nueces o almendras granuladas (opcional)
1 taza, más o menos, de mermelada de frutilla, frambuesas o cualquier otro sabor

En un bol bate con batidora de mano la margarina con el azúcar hasta que queden bien unidos. Agrégale los huevos y la vainilla. Mezcla la sal con 3 1/2 taza de harina y agrégala a la mezcla de los huevos, poco a poco, hasta formar una masa gruesa. Separa un poco más de 3/4 de la masa dejando, el resto a un lado. En un molde engrasado rectangular, esparce los 3/4 de la masa emparejando bien. Añade la mermelada, cubriendo toda la masa. Espolvoréale nueces picadas. Al resto de la masa que dejamos a un lado, agrégale 1/4 de taza de harina o más y mézclalo con la batidora de mano hasta que se formen migas. Espolvoréalas encima de la mermelada. Hornea a fuego medio alto por 35 minutos o hasta que el borde se vea dorado. Dejar enfriar. Cortar en cuadritos.

DULCES DE MAZAPÁN

2 3/4 tazas de almendras sin piel
4 1/2 tazas de azúcar flor
2 claras de huevo
2 1/2 cucharaditas de extracto de almendras
2 a 4 cucharadas de agua o licor
colorante para dulces (opcional)

Para sacarle la piel a las almendras, debes hervirlas por 5 minutos, aproximadamente. Sécalas bien y soltarán la piel. Ya todas sin piel, ponlas en una licuadora o procesador de alimentos y muélelas muy bien hasta que tomen consistencia de harina. Cierne el azúcar flor y agrégala a las almendras. En otro bol, bate las claras hasta que estén suaves, (no que forme picos). Une las claras y el extracto de almendras a la mezcla de las almendras y el azúcar. Usa tus manos para formar una masa dura. Agrega las cucharadas de agua (o licor de tu preferencia) y colorantes necesarios para formar una masa suave que puedas trabajar. Forma el mazapán en la forma que desees. Déjalas en un lugar seco y hermético hasta que se forme una capa fina en cada figurita. Para decorar puedes usar un pincel, y pintarlo como desees. Deja secar. Mantén cubierto en el refrigerador.

FLAN

6 huevos
1 vaso de azúcar
1 vaso de jugo de naranja
1 cucharadita de ralladura de naranja
1 cucharada de maicena
1/2 vaso de coco rallado (opcional)
1/2 taza de azúcar para el caramelo

Derrite 1/2 taza de azúcar en una olla para obtener caramelo, al obtenerlo, verter sobre una lata. Mezcla en una licuadora el resto de los ingredientes y pon la mezcla sobre el caramelo. Cubre la lata y ponla dentro de otra con agua de forma que lo cocines a Baño María. Llevar a fuego medio alto, ya sea en el horno u hornilla, por 1 1/2 horas.

FRUTAS CON JALEA Y CREMA

1 caja de jalea de sabor a frutilla
1 caja de jalea de sabor a frambuesas
1 taza de crema rich's
250 grms. de frutillas
250 grms. de frambuesas
4 bananas
1 lata de duraznos en cubos y su jugo
1/2 taza de nueces

Corta las frutillas y las frambuesas en pedazos chicos. En un bol disuelve las jaleas en 1 taza de agua. Agrega el jugo de los duraznos en conserva, las frutas y las nueces. En otro bol, bate la crema rich´s hasta formar una mezcla dura. En una fuente para congelar esparce la mitad de la mezcla de las frutas y lleva al congelador. Ya congeladas esparce la mitad de la crema rich's sobre la fruta y congela nuevamente. Repite lo mismo 1 vez más con la fruta y la crema. Servir frío.

GALLETAS
CON CHIPS DE CHOCOLATE (I)

3/4 taza de margarina
1 1/4 de taza de azúcar rubia
2 cucharadas de agua
1 cucharada de extracto de vainilla
1 huevo
1 3/4 taza de harina
1 cucharadita de sal
3/4 cucharadita de bicarbonato de sodio
1 taza de chocolate chips semidulces
1 taza de nueces picadas (opcional)

Precalentar el horno a fuego medio alto. Combina la margarina con el azúcar rubia, el agua y la vainilla en un bol. Bátelos con batidor de mano hasta que todo esté cremoso. Agregar el huevo. Mézclales la harina, la sal y el bicarbonato de sodio hasta que queden bien unidos. Echar los chips de chocolate y las nueces. En un molde para galletas engrasado, pon 2 cucharadas de la masa, dejando 2 centímetros entre galleta y galleta. Hornéalas por 8-10 minutos. Dejar enfriar.

GALLETAS
CON CHIPS DE CHOCOLATE (II)

1 taza de margarina
3/4 taza de azúcar
3/4 taza de azúcar rubia
1 huevo
2 1/4 taza de harina
1 cucharadita de bicarbonato de sodio
1/2 cucharadita de sal
1 taza de nueces picadas
1 paquete de chips de chocolate

Percalina el horno a fuego medio alto. Mezcla la margarina con los azúcares
y el huevo. Agrega la harina, el bicarbonato y la sal. La masa va a estar
dura. Agrega las nueces y los chips de chocolate. En una bandeja pon una
cucharada de la mezcla una al lado de otra. Hornea por 8 a 10 minutos
hasta que estén doradas.

GALLETAS CUBIERTAS CON CANELA

3 huevos
1 taza de azúcar
3/4 taza de aceite
2 cucharaditas de polvos de hornear
3 tazas de harina aproximadamente
1/4 de taza de azúcar
1/4 de taza de canela en polvo

Mezcla en un bol el 1/4 de taza de azúcar con el 1/4 de taza de canela,
deja a un lado para salpicar sobre las galletas.
En un bol pon los huevos, el azúcar, el aceite y los polvos de hornear.
Mézclalos bien y agrega la harina para formar la masa. Agrega más harina
de forma que quede una masa manejable, pero no muy seca. Forma las
galletitas haciendo palitos de 6 cms. y después uniendo las puntas, o si
quieres estira la masa con un uslero y corta las galletitas con moldes para

galleta o de la forma que desees. Sumerge cada galletita en la mezcla de azúcar con canela. Ordénalas en una bandeja pre -aceitada.
Llevar al horno a fuego alto por aproximadamente 20 minutos o hasta dorar.

GALLETAS DE AZÚCAR

1 taza de margarina
1 1/2 taza de azúcar
2 huevos
1 cucharadita de extracto de almendras
1/2 cucharadita de sal
4 tazas de harina

En un bol mezcla con batidora de mano la margarina con el azúcar, los huevos el extracto de almendras y la sal. Agrega la harina hasta formar una buena masa. Llevar cubierto al refrigerador por 1 hora aproximadamente, hasta que sientas que la masa está firme. Sacar y cortar las galletas. Si gustas baña cada una de éstas en azúcar. Ordenar en bandeja engrasada para el horno y cocinar hasta dorar, aproximadamente de 20 minutos.

GALLETAS DE MANTEQUILLA DE MANÍ

1/2 taza de azúcar
1/2 taza de azúcar rubia
1/2 taza de mantequilla de maní
1/2 taza de margarina
1 huevo
1 1/4 taza de harina
3/4 cucharadita de bicarbonato de sodio
1/2 cucharadita de polvos de hornear
1/4 cucharadita de sal

Mezcla los azúcares, la mantequilla de maní, la margarina y el huevo. Agrégale el resto de los ingredientes. Cubre la masa y refrigérala por lo menos 3 horas. Calienta el horno a temperatura media alta. Forma galletas y hornéalas por 9 a 10 minutos, hasta dorar.

GALLETAS SIMPLES

4 huevos
1 taza de aceite
1/2 taza de azúcar
1 cucharadita de polvos de hornear
1 cucharada de extracto de vainilla
1 pizca de sal
5 tazas de harina

Mezcla todos los ingredientes según el orden de la receta hasta obtener una masa. En una superficie con harina, estírala con el uslero y corta con moldes las galletas. Puedes decorarlas con chips de chocolate o lluvia de colores. Hornea a fuego medio aproximadamente 10 minutos.

HAMANTASHEN U OZNEI HAMAN (I)

4 huevos
1 taza de azúcar
1/2 taza de miel
2 cucharadas de jugo de limón
2/3 taza de margarina
5 tazas de harina
5 cucharaditas de polvos de hornear
1/2 cucharadita de sal

En un bol, con batidora de mano, bate los huevos con el azúcar. Agrégale la miel, el jugo de limón y la margarina. Incorpora la harina, los polvos de hornear y la sal. Forma una masa, agregando la harina necesaria. Sobre una superficie enharinada con un uslero, estira la masa.
Corta la masa en círculos y rellénalos con una cucharadita de mermelada, o con una mezcla de pasas con nueces, o amapolas o con lo que tú quieras. Une las puntas formando un triángulo. Hornéalos sobre una bandeja engrasada por 10 a 12 minutos.

HELADO (I)

6 huevos separados
12 cucharadas de azúcar
3/4 vaso de aceite
2 vasos de fruta

Bate con batidora de mano las claras a punto de nieve y agrégale 6 cucharadas de azúcar. Dejar a un lado. Bate en otro bol las yemas con 6 cucharadas de azúcar. Agrega el aceite y la fruta que desees: kiwis, plátanos, frutillas, etc. Posteriormente, agrega las claras a punto de nieve revolviendo suavemente con una cuchara. Llevar al congelador.

HELADO (II)

1 taza de crema parve tipo "Rich's"
2 claras de huevo
5 cucharadas de azúcar
2 cucharaditas de extracto de vainilla

En un bol pon la crema parve. Usando la batidora de mano, bátela hasta que tome contextura de chantillí. Ponla en el refrigerador. En otro bol, pon las claras de huevo y bátelas hasta punto de nieve. Agrégale el azúcar, por cucharadas, batiéndolas bien después de cada adición. Continúa batiéndolas hasta que parezca merengue, que forme picos. Mientras más solidos sean los picos que formas, más suave será tu helado. Saca la crema y con una espátula, incorpora el merengue en la crema. Revuélvelo suavemente y agrégale el extracto de vainilla. Vierte la mezcla en un recipiente para congelarlo. Se mantiene bien en el congelador, hasta por seis meses.
Usando esta misma receta, puedes crear nuevos sabores:

De Pistacho: Cambia el extracto de vainilla, por una cucharadita de extracto de pistacho. Échale algunas gotitas de colorante verde y 1/2 taza de pedacitos de pistachos.

De Café: Disuelve 1 cucharada de café instantáneo en 2 cucharaditas de agua hirviendo. Échalo al helado en el momento de echar el extracto de vainilla.

De Almendras con Miel: Reemplaza el azúcar por 5 cucharadas de miel. Y la vainilla por 1 cucharadita de extracto de almendras. Échale al final 1/3 de taza de almendras rebanadas finamente.

De Chocolate: Disuelve 2 cucharadas de cacao en 2 cucharaditas de agua hirviendo. Agrégalo en el momento de incorporar la vainilla.

HELADO DE AGUA (FRESAS)

1 taza de azúcar
2 tazas de agua
2 tazas de fresas
8 cucharadas de jugo de limón
6 cucharadas de tequila u otro licor (opcional)

En una olla cocina el azúcar con el agua hasta que se disuelva, aproximadamente 5 minutos; dejar a un lado.
Pon las fresas en una licuadora o procesador de alimentos y muélelas hasta formar un puré. Agrégale el limón y el licor. Unir con el jarabe de azúcar, mezclar bien y llevar al congelador. En el proceso de congelación revuelve la mezcla varias veces; esto le dará una consistencia suave. Congelar completamente cubierto. NOTA :Puedes substituir las fresas por cualquier otra fruta.

HELADO DE CHOCOLATE

6 huevos
3/4 taza de aceite
1 a 1 1/2 taza de azúcar
1/2 taza de crema rich's
6 cucharadas de cacao amargo en polvo

Separa las claras de las yemas. Bate las claras a punto de nieve y agrega la mitad de la cantidad del azúcar. En otro bol, bate las yemas, agrega el resto del azúcar, el aceite y el cacao. Deja a un lado. En otro bol bate la crema rich´s hasta que espese. Une las tres mezclas, revolviendo suavemente con una cuchara.
Pon en un guardalimentos y congela.
Si deseas, puedes hacer el helado mitad de chocolate y mitad de extracto de vainilla, agregando 1 cucharadita de vainilla a la mitad de la mezcla y 3 cucharadas de cacao a la otra. Pon en un guardalimentos la mezcla de la vainilla, y lleva al congelador. Cuando esté dura, pon la mezcla de chocolate encima y congela.

LEIKAJ O TORTA DE MIEL

1 taza de azúcar
3 tazas de harina
1 1/2 cucharadita de polvos de hornear
1 1/2 cucharadita de bicarbonato de sodio
1 cucharadita de sal
1 cucharadita de canela
1 cucharadita de clavitos en polvo
1 cucharadita de nuez moscada
1 taza de miel
1 cucharada de café diluido en 1 taza de agua
3/4 taza de aceite
1 cucharadita de extracto de vainilla
3 huevos
1/2 taza de pasas (opcional)
1/2 taza de nueces picadas (opcional)

En un bol pon todos los ingredientes secos. Haz un hoyo en el centro y echa todos los ingredientes líquidos. Mézclalos bien, con batidora de mano. Agrégale las pasas y las nueces. Coloca la mezcla en bandeja aceitada para hornear. Hornea a fuego medio por 45 a 60 minutos.

HELADO O RELLENO
PARA TORTA DE LÚCUMAS

1 taza de crema Rich's, con ½ taza de agua
2 potes de pure de lúcumas

Con batidora de mano, batir la crema rich's con el agua hasta que este muy espesa y firme. Agrégale el pure de lúcumas batiendo bien. Conjelar para hacer helado o utilizar inmediatamente para rellenar cualquier tipo de torta.

MA'AMOUL

1/2 kg. de harina
1 pan de mantequilla grande
1 cucharada de agua de azahar o de agua de rosas
2 ó 3 cucharadas de leche o agua
relleno de nueces o de dátiles (a continuación)
azúcar flor

Tamiza la harina y pon en un bol. Incorpora la mantequilla y mezcla a mano. Incorpora el agua de azahar y después la leche o agua. Trabaja la masa hasta que quede suave. Toma una porción de masa del tamaño de una nuez, forma una bolita y haz un agujero con el pulgar. Pellizca los bordes para darle forma de olla. Rellena, presiona y pellizca la masa replegándola sobre el relleno, hasta darle nuevamente forma de bolita. Coloca en una fuente de horno y decora con marcas de tenedor. Hornea por 20 a 25 minutos. No dejes que se doren, pues se pondrán duros y perderán sabor. Cuando estén calientes parecerán blandos y crudos, pero al enfriarse se pondrán firmes. Cuando se enfríen, pásalos por azúcar flor.

Relleno de dátiles:
Pica medio kilo de dátiles sin carozos. Colócalos en una olla con 1/2 taza de agua. Cocina a fuego lento, revolviendo hasta que los dátiles se ablanden y formen una masa homogénea. Dejar enfriar.

Relleno de nueces:
1/4 Kg. de nueces o almendras picadas
150 a 250 grms. de azúcar
1 cucharada de agua de rosas o de canela en polvo.

Mezcla las nueces con el azúcar. Incorpora el agua de rosas si usas almendras, o canela si usas nueces y mezcla todos bien.

MASA DE HOJALDRE

1 kilo de harina
7 cucharadas de aceite
7 cucharadas de vinagre o limón
agua la necesaria
400 grms. de margarina

En un bol pon la harina con el aceite, el vinagre y el agua necesaria hasta formar una buena masa. Sobre una superficie enharinada extiende la masa con un uslero formando un rectángulo. Toma la margarina y pinta la masa con ésta. Haz un dobles y vuelve a pintar con la margarina. Sigue doblando y pintando la masa hasta que te quede un pedazo chico. Lleva al refrigerador por 1 hora. Saca la masa y repite el extender, pintar y doblar la masa hasta que uses toda la margarina. Mientras más dobleces hagas más capas tendrá tu masa. Hornear y usar según la receta que hagas.
VARIACIÓN: En vez de pintar la masa con la margarina cada vez que doblas, une toda la margarina a la masa cuando juntas todos los ingredientes y has los dobleces como indica la receta de las Borrecas (I) de la página 55.

MOUSSE DE CHOCOLATE (I)

4 yemas de huevo
1/4 taza de azúcar
2 cucharadas de whisky
150 grms. de chocolate semi amargo
100 grms. de margarina
3 cucharadas de café
4 claras de huevo
2 cucharadas de azúcar
1 taza de crema rich´s

Derrite el chocolate con el café, el whisky y la margarina a baño María, dejar a un lado. Bate en un bol las yemas con el azúcar y agrega la mezcla del chocolate. Mezclar bien.

Bate en otro bol las claras con las 2 cucharadas de azúcar a punto de nieve y agrega revolviendo suavemente con una cuchara a la mezcla del chocolate. Bate también la crema rich´s hasta que se ponga dura y agrega suavemente a la mezcla del chocolate con una cuchara. Refrigerar.

MOUSSE DE CHOCOLATE (II)

7 huevos separados
7 cucharadas de azúcar aproximadamente
7 cucharadas de cacao en polvo
7 cucharadas de aceite
1 pizca de extracto de almendra
1 taza de nueces molidas

Bate en un bol las claras a punto de nieve y luego agrégale el azúcar. En otro bol mezcla el cacao con el aceite y agrégale las yemas. Agrega el extracto de almendra, las nueces y las claras, revolviendo bien. Llevar al congelador y a medio congelar revolver otra vez. Congelar de nuevo.

HAMANTASHEN U OZNEI HAMAN (II)

4 huevos
1 taza de aceite
4 cucharaditas de polvos de hornear
1 cucharadita de vainilla
1 taza de azúcar
6 tazas de harina
1 pizca de sal
cualquiera de estos rellenos: mermelada, chocolate, amapolas, pasas con nueces, etc.

Bate los huevos y luego agrega el azúcar, el aceite, los polvos de hornear, la sal, la vainilla y la harina. Mezcla bien y agrega la harina necesaria para formar una masa suave. En una superficie enharinada estira la masa con un uslero y corta círculos. Rellénalos con mermelada y cierra en forma de oznei haman o triángulo. Hornea a fuego alto por 20 minutos o hasta dorar.

PALMERITAS

masa de hojaldre (pagina 162)
azúcar

Toma la masa de hojas y estírala con un uslero. Esparce azúcar por toda la masa. Enrolla los dos bordes de la masa hacia adentro, de forma que se encuentren en el medio. Corta con un cuchillo rebanadas del rollo obteniendo así la forma de palmeritas. Ordénalas en una bandeja para el horno, una al lado de la otra. Salpica azúcar sobre las palmeritas y hornea a fuego alto hasta que queden doradas por ambos lados; si es necesario, voltéalas en la bandeja para se que doren uniformemente los dos lados.

PASTEL DE MERENGUE DE LIMÓN O LIMA

1 base de tartaleta
2 1/4 taza de azúcar
1/3 taza de maicena
1 3/4 taza de agua hirviendo
3 huevos separados
1/3 taza de jugo y pulpa de limón o lima
1 cucharadita de ralladura de limón o lima
1 cucharadita de mantequilla
2 gotas de colorante verde para alimentos

Extender la masa y ponerla en un molde. Acanalar los bordes y hornearla a fuego medio alto hasta dorar. Dejar enfriar.
Mezcla 1 1/4 taza de azúcar con la maicena. Agrega el agua y revuelve para que no se formen grumos. Poner en una olla y cocinar a fuego medio hasta que la mezcla espese, quitar del fuego y poco a poco mezcla las yemas de huevo. Cocinar por 2 minutos más. Agrega el jugo, la pulpa y mantequilla, por último agrega el colorante. Dejar enfriar totalmente. Poner en la corteza del pastel. Bate las claras hasta que se endurezcan. Agrega el resto del azúcar. Poner sobre el pastel. Llevar al horno por 10 - 12 minutos hasta que el merengue se dore.

PIE DE CHOCOLATE CON CREMA

1 base para tartaletas cocida
9 cucharadas de cacao
1/2 taza de margarina
3 huevos
1 taza de azúcar flor
1 taza de crema parve rich´s

Mezcla el cacao con el aceite. Mezcla éste cacao con los huevos y el azúcar con la batidora de manos. Verter sobre la masa de tartaleta. Llevar al congelador hasta que el chocolate se endurezca. Bate la crema rich's hasta que endurezca y decora según tu gusto. Poner sobre la capa del chocolate. Guardar en el congelador.

PIE DE CIRUELAS

1 taza de azúcar
1/3 taza de harina
1/4 cucharadita de jengibre
1/4 cucharadita de canela
6 tazas de ciruelas sin pelar, rebanadas finamente
1 base para tartas

Combina el azúcar, la harina, el jengibre y la canela en un bol y agrega las ciruelas. Mézclalos bien. En una fuente para horno arregla la masa de tarta y rellena con la mezcla de ciruelas. Hornea a fuego alto por 15 minutos. Reduce el fuego y hornea por 1 hora o hasta que veas burbujas cerca del centro. Servir frío o a temperatura ambiente.

PIE DE FRUTAS CON CREMA

1 base para tartas cocida

Crema:
4 yemas de huevo
6 cucharadas de azúcar
2 cucharadas de maicena
1 taza de crema Rich´s (parve)
1/2 cucharadita de extracto de vainilla

Capa de frutas:
700 gramos de frutillas, duraznos, damascos o fruta a alección
jugo de 1 limón
2 cucharadas de azúcar

En un bol, combina las yemas, el azúcar y la maicena. Mezclar bien, hasta que el azúcar y la maicena queden bien incorporados a las yemas y se vean amarillas claras. Poco a poco, agrégale la taza de la crema Rich´s. Poner esta mezcla a cocinar a baño María. Agrégale la vainilla.
Revuelve constantemente hasta que obtengas una mezcla espesa. No dejes que hierva. Cuando esté gruesa, sácala del Baño María y continúa revolviéndola por 2 minutos más. Vierte la crema a otro bol y dejar enfriar.

La capa de frutas se hace limpiando y quitándole las semillas a los damascos o duraznos u hojitas a la frutilla. Rebana las frutas en forma de media luna. Si tienes frutillas grandes, córtalas a lo largo dos o tres veces. Ponlas en un bol y échale el jugo de limón y el azúcar.
Toma la base para tartas y esparce la crema sobre éste en forma pareja .
Luego arregla las frutas encima de la crema formando un diseño. Refrigerar.

PIE DE MANZANAS

1 base para tartas cruda
2/3 taza de azúcar
2 cucharadas de harina
1/4 cucharadita de canela
1/4 cucharadita de nuez moscada
5 tazas de manzanas rebanadas y peladas

Para la parte superior:
3/4 taza de harina
1/4 taza de margarina
1/4 taza de azúcar rubia

En un bol, combina el azúcar, la harina, la canela y la nuez moscada, mézclalos bien. Agrega las manzanas y revuelve hasta que estén bien impregnadas. Espárcelas sobre la base para tartas en forma pareja.
Para la parte superior: mezcla, con batidora de mano la harina, la margarina y el azúcar hasta que se vuelvan migas, agrega más harina si es necesario, y ponlo por encima de las manzanas. Hornea a fuego medio por 35 a 40 minutos.

PIE DE NUECES

3 huevos batidos
1 taza de jarabe de maíz
1/2 taza de azúcar
2 cucharadas de margarina derretida o aceite
1 cucharadita de extracto de vainilla
1 1/2 taza de nueces
1 base para tartas cruda

En un bol mezcla los huevos, el jarabe de maíz, el azúcar, la margarina y el extracto de vainilla. Añade las nueces. Vierte toda la mezcla sobre la base para tartas. Hornea a horno medio alto por más o menos 50 minutos. Dejar enfriar para que se endurezca.

POLVOROSAS

Estas galletas se disuelven en la boca. Son muy fáciles de hacer y lindas para presentar en ocasiones especiales.

1 taza de azúcar
1 taza de aceite
1 cucharadita de extracto de vainilla
3 tazas de harina, aproximadamente
azúcar flor

En un bol, mezcla el azúcar, el aceite y la vainilla. Agrega, poco a poco, la harina hasta formar una masa suave (que no sea ni muy grasosa ni muy seca, pues si tiene mucha harina no podrás formar pelotitas). Forma las pelotitas, de más o menos 3 centímetros de ancho y 2 centímetros de alto. Ordenar en bandeja, una al lado de la otra. Hornear a fuego medio por 20 minutos aproximadamente o hasta que se dore la parte de abajo.
Dejar enfriar y bañar en azúcar flor.

POLVOROSAS DE NUECES

1 taza de margarina
1/2 taza de azúcar
2 cucharaditas de extracto de vainilla
1 pizca de sal
2/3 taza de nueces molidas
2 1/2 tazas de harina
azúcar flor

En un bol mezcla todos los ingredientes. Forma las galletas en pelotitas o media lunas. Ordenar en bandeja engrasada. Hornea a fuego medio alto por 12 a 14 minutos o hasta que se vea la parte de abajo dorada. Bañar en azúcar flor.

POSTRE DE LIMÓN

4 huevos separados u 8 claras
1/2 taza de jugo de limón
1 taza de azúcar
1 taza de crema Rich's

Bate las claras a punto de nieve y agrégale el azúcar. En otro bol, bate las yemas, agrega la crema Richs y el limón. Con una cuchara, incorpora las claras batidas, revolviendo suavemente. Llevar al congelador.

QUEQUE BLANCO CON CREMA

3 tazas de harina
1 taza de margarina o aceite
1 cucharada de vainilla
1 taza de crema rich's
1 1/4 taza de azúcar
3 huevos
2 cucharaditas de polvos de hornear

Mezcla la harina con el aceite, la vainilla y el azúcar. Separa 3/4 de taza de ésta mezcla y déjala a un lado. Al resto, agrégale los 3 huevos, la crema y los polvos de hornear, mezclándolos bien con la batidora de mano. Vierte sobre una bandeja engrasada. A la mezcla que dejamos a un lado, agrégale 1/4 taza de harina y bate de tal forma que se vuelvan migas. Si no, agrégale un poquito más de harina. Pon las migas por encima de todo el queque y lleva al horno por 1 hora aproximadamente, o hasta que al probar el centro, el palito salga seco.

QUEQUE BLANCO Y NEGRO (I)

Parte negra:
1/4 taza de azúcar
1/4 taza de cacao
1/4 taza de agua caliente
1 cucharadita de extracto de vainilla

Parte blanca:
3 1/2 taza de harina
3 1/2 cucharaditas de polvos de hornear
1 pizca de sal
1/4 taza de coco rallado
1 3/4 taza de azúcar
1 taza de aceite
4 huevos
1 cucharadita de extracto de vainilla
1 cucharadita de extracto de almendra
1 taza de jugo de naranja
1 cucharada de jugo de naranja

Percalina el horno a 180 C. En un bol chico mezcla los ingredientes de la parte negra y déjalos a un lado.

En otro bol, cierne la harina con los polvos de hornear y la sal. Agrega el coco y dejar a un lado.

Con batidora de mano mezcla el azúcar con el aceite, agrega los huevos, vainilla y extracto de almendra mezclando hasta que espese. Agrega la mezcla de la harina alternativamente con los jugos, empezando y terminando con la harina. En una bandeja preengrasada para queques, vierte la mitad de la mezcla blanca. Sobre la otra mitad blanca, vierte la mezcla negra y bate por unos minutos. Poner sobre la primera mezcla y sumerge un cuchillo dentro de ésta moviéndolo hacia varias direcciones. Hornear por 1 hora aproximadamente.

QUEQUE BLANCO Y NEGRO (II)

2 tazas de harina
1 pizca de sal
3 cucharaditas de polvos de hornear
2 cucharadas de coco rallado
2/3 taza de aceite
1 1/3 taza de azúcar
3 huevos
1 1/2 cucharadita de extracto de vainilla
1/4 cucharadita de extracto de almendra
2/3 taza de jugo de naranja
1 cucharada de jugo de limón
3 cucharadas de cacao en polvo

Precalentar el horno a fuego alto. En un bol, cierne la harina, los polvos de hornear y la sal; agrega el coco y déjalo a un lado.

En otro bol, mezcla con la batidora de mano el azúcar con el aceite, luego agrega los huevos, la vainilla y el extracto de almendra, bate bien. Agrega la mezcla de la harina alternativamente con la de los jugos, empezando y terminando con la de la harina. Vierte sobre bandeja engrasada 3/4 de la mezcla. Mézclale al 1/4 que quedó el cacao revolviendo bien. Vierte esta mezcla sobre la blanca y mueve un cuchillo hacia muchas direcciones para que penetre la mezcla. Llevar al horno por aproximadamente 1 hora o hasta que al insertar un palito, este salga seco.

QUEQUE DE NARANJA

2 huevos
1 3/4 tazas de azúcar
2/3 taza de aceite
1 1/2 cucharadas de extracto de vainilla
2 3/4 tazas de harina
1 cucharadita de sal
2 1/2 cucharaditas de polvos de hornear
1 1/4 tazas de jugo de naranja

En un bol, con batidora de mano, mezcla los huevos, el azúcar, el aceite y la vainilla. En otro bol, mezcla la harina, la sal, y los polvos de hornear. Agrega un poco de la harina y el jugo de naranja, alternativamente, a la mezcla de los huevos. Verter sobre molde. Hornear a fuego medio alto por 40 a 50 minutos, aproximadamente, o hasta que al meter un palito en el centro salga seco.

QUEQUE DE ZANAHORIA

4 huevos
2 tazas de azúcar rubia
1/2 taza de aceite
1 cucharadita de extracto de vainilla
2 tazas de harina
1/2 cucharadita de sal
1/2 cucharadita de polvos de hornear
1/2 cucharadita de bicarbonato de sodio
3 tazas de zanahorias ralladas
1/2 taza de coco rallado
pasas (opcional)

En un bol con batidora de mano, mezcla los huevos, azúcar, aceite y vainilla. Agrega el resto de los ingredientes según el orden, mezclándolos bien. Verter en un molde. Hornear a fuego medio alto por aproximadamente 45 minutos.

ROLLITOS DE MERMELADA

1 cucharada de levadura
1 cucharadita de azúcar
1/4 de taza de agua tibia
3/4 de taza de margarina a temperatura ambiente
2 tazas de harina
1/2 cucharadita de sal
1 huevo
1/2 taza de azúcar
mermelada de frutilla, frambuesa o cualquier otro sabor
azúcar y canela

Pon la levadura y la cucharadita de azúcar en el agua tibia. En un bol pon la harina con la margarina. Agrega la sal y el azúcar y mezcla bien. Añade los huevos y la levadura y mezcla hasta formar una masa; si es necesario agrega mas harina.

En una superficie enharinada estira la masa formando un rectángulo grande, esparce la mermelada por toda la masa y enrolla. Con un cuchillo haz cortes diagonales no muy profundos, de modo que esté todo el rollo conectado. Salpícalo con azúcar y canela. Pon sobre una lata engrasada y hornea a fuego alto por 30 minutos aproximadamente. Corta por los cortes anteriormente hechos.

ROLLOS DE CHOCOLATE

3 tazas de harina
3 cucharadas de azúcar
3 yemas de huevo
1 chorrito de extracto de vainilla
20 grs. o 1 1/2 cucharada de levadura disuelta en 3/4 taza de agua tibia
200 grms. de margarina

En un bol, pon la harina, el azúcar, las yemas, la vainilla y la margarina. Disuelve la levadura en el agua y agrega a la mezcla anterior, formando una masa un poco pegajosa. Agrega más harina según sea necesario. En una superficie enharinada trabaja ésta masa. Divídela en 2. Estira la masa y rellénala con: una capa fina de mermelada, encima una mezcla de cacao con azúcar y coco rallado si deseas y enróllala. Haz lo mismo con la otra masa. Ponlos en bandeja engrasada y pinta los rollos con un huevo. Hornea a fuego medio alto por lo menos 1/2 hora o hasta dorar.

ROSQUITAS FRITAS

3 huevos
6 cucharaditas de aceite
1 taza de jugo de naranja
2 cucharaditas de polvos de hornear
1/2 taza de azúcar
harina (la necesaria)
aceite para freír
Almíbar:
1 taza de azúcar
1 taza de agua
1 cucharada de miel

En un bol mezcla los huevos, el aceite, el jugo de naranja, los polvos de hornear y el azúcar. Ve agregando harina hasta formar una masa manejable. Cúbrela y déjala reposar por 20 minutos.
Por mientras prepara el almíbar: En una olla pon la azúcar con el agua y llevar al hervor. Agrega entonces la miel y cocina hasta que la mezcla esté

transparente, deja a un lado. Calienta aceite en una sartén o freidora; forma las rosquitas, fríe por ambos lados hasta dorar y luego baña cada una en el almíbar. Se pueden servir calientes o frías.

RUGALAJ O ROLLOS DE CHOCOLATE

4 huevos
1 taza de aceite
1/2 taza de azúcar
5-6 tazas de harina
4 cucharaditas de polvo de hornear
1 pizca de sal
1 taza de jugo de naranja
2 cucharaditas de extracto de vainilla

Relleno:
1/2 taza de cacao con 1 taza de azúcar y nueces molidas y/o coco rallado

Une los huevos, el aceite, el azúcar, la harina, los polvos de hornear, la sal, el jugo y la vainilla. Mezcla bien y forma una masa, no pegajosa. Déjala reposar en el refrigerador por 1 hora. Trabájala sobre una superficie enharinada y divídela en 4 porciones. Toma 1 de las porciones y estírala, esparce un poquito de aceite por encima de la masa para que el cacao se pegue. Enrolla y corta el rollo en rebanadas de 2 a 3 cms. Haz lo mismo con las otras 3 porciones. Ordénalos en bandeja engrasada y hornea a fuego medio alto por 30 a 40 minutos.

SORPRESAS DE CHOCOLATE

1/2 taza de margarina
2 1/2 tazas de azúcar flor
1/ 2 taza de cacao en polvo
1/4 taza de crema richs´
1 1/2 cucharaditas de extracto de vainilla

Para el centro:
mentas o guindas o almendras o nueces

Cobertura:
azúcar flor o coco rallado o maní picado

En un bol bate la margarina. En otro mezcla el azúcar flor y el cacao, agregando la margarina y la crema, alternativamente. Agrega la vainilla, mezclando bien. Refrigera hasta que quede una masa firme. Forma las pelotitas y pon en el centro lo que tú desees. Cúbrelos con la cobertura elegida. Refrigéralos hasta que se pongan duritos.

STRUDEL DE MANZANA

250 grms. de harina
1/2 cucharadita de sal
2 cucharadas de aceite
1 cucharada de vinagre
6 manzanas verdes
250 grms. de azúcar
100 grms. de pasas
2 cucharadas de mantequilla derretida
1 cucharadita de canela molida
1 huevo batido y mantequilla derretida para pintar

Haz una masa con la harina, la sal, el aceite, el vinagre y el agua necesaria. Amásala hasta que esté bien elástica y déjala descansar por 1 hora. Mientras tanto, prepara el relleno: pela las manzanas y córtalas en rodajas finas. Mézclalas con el azúcar, las pasas, la canela y 2 cucharadas de mantequilla derretida. Estira la masa con el uslero. Luego colócala sobre un mantelito enharinado y sigue estirando con las manos hasta que quede transparente, trata de darle forma rectangular. Recorta los bordes más gruesos. Píntala con la mantequilla derretida y dispón casi todo el relleno a lo largo de uno de los bordes, repartiendo el resto sobre toda la masa. Enrolla con la ayuda del mantel empezando con el lado que tiene la mayor parte de las manzanas. Cierra bien los extremos y pásalo con cuidado a una bandeja bien aceitada dándole forma de herradura. Pinta con un huevo batido y pon a fuego alto por 15 minutos. Luego reduce la temperatura a media y cocina por 1/2 hora más, rociándolo varias veces con el almíbar que suelta. Sírvelo, preferiblemente tibio.

SUFGANIOT O BERLINES (I)

4 vasos de harina
30 grms. de levadura disuelta en 1/2 vaso de agua
100 grms. de margarina
1 pizca de sal
2 cucharadas de azúcar
2 huevos
1 cucharadita de vainilla
1 vaso de agua

Unir todos los ingredientes mencionados según el orden de la receta, formando así una masa. Dejar descansar por 1 hora en el refrigerador. Sobre una superficie enharinada, estira la masa no muy fina (de 3 cms. de grosor) y córtala en círculos. Cúbrelos con un paño y deja que suban. Poner abundante aceite en una olla, cuando esté caliente echar algunos círculos y tapar la olla. Dejar dorar aproximadamente 7 minutos. Si se doran muy rápido, bájale el fuego. Para que el aceite no se ponga negro, pon una rebanada pelada de zanahoria. Cuando las sufganiot estén doradas, sacar y poner sobre servilletas absorbentes. Cortar por la mitad o hacer un hoyo en el centro, rellenar con mermelada, dulce de leche o crema pastelera. Espolvorear con azúcar flor.

SUFGANIOT O BERLINES (II)

3 huevos
1/2 taza de aceite
1/2 taza de azúcar
1/2 taza de jugo de naranja
2 cucharadas de polvos de hornear
harina
aceite para freír
azúcar flor

En un bol, mezcla los huevos con el aceite, la azúcar, el jugo y los polvos de hornear. Ir agregando la harina poco a poco, hasta formar una masa que no esté pegajosa. Formar pelotas. Freír en abundante aceite hasta dorar por todas los lados. Espolvorear con azúcar flor. Si deseas, puedes ponerle mermelada o crema en el centro.

TARTALETA DE PIÑA

1 tartaleta cocida
1 lata de piñas en rodajas
crema pastelera:
el jugo de la lata de piñas
1 taza de agua
1/4 taza de azúcar
3 cucharadas de maicena
la yema de un huevo

En una olla pon el jugo de piña, el agua, el azúcar, la yema de huevo batida y la maicena previamente diluida en un poco de agua. Pon la olla a fuego medio y revuelve bien. Cocina hasta que casi hierva y tome una consistencia espesa. Si no se puso espesa, agrega un poquito más de maicena diluida en agua fría antes de echarla a la olla. Ya espesa déjala enfriar y viértela sobre la masa de tartas. Ordena las rodajas de piña de forma bonita y refrigerar.

TISHPISHTI

6 tazas de harina
3/4 taza de almendras peladas
1 vaso de agua
1 vaso de aceite
100 grms. de mantequilla

Jarabe:
3 1/2 tazas de azúcar
3 1/2 tazas de agua
1 cucharadita de extracto de vainilla
jugo de 1 limón

Pon a hervir en una cacerola el agua con el aceite y la mantequilla. Agrega rápidamente la harina y las almendras cortadas por la mitad. Bate bien, retíralo del fuego y extiéndelo sobre una fuente para hornear rectangular. Marca cortes en diagonal para obtener triángulos. Decora cada triángulo con un trocito de almendra. Pon en el horno caliente al principio, y luego, baja la temperatura. Deja hornear hasta que la masa se dore y se vea seca. Hierve juntos los ingredientes del jarabe, hasta que espese un poco, y vuélcalo caliente sobre la masa, que lo absorberá totalmente.

RELLENO DE LIMÓN

2 cucharaditas de gelatina
1 cucharada de agua fría
1 1/2 cucharada de agua caliente
2 claras de huevo
1/4 taza de azúcar granulada
2 cucharadas de jugo de limón
1 cucharada de ralladura de limón

Ablanda la gelatina en el agua fría, luego mézclala con el agua caliente. Bate las claras hasta formar picos suaves, luego agrega lentamente el azúcar. Incorpora lentamente el agua con la gelatina, el jugo y la corteza de limón. Usar para rellenar.

TORTA BLANCA CON CREMA

6 huevos, separados
2 tazas de azúcar
3/4 de taza de agua
3 tazas de harina, cernida
1 cucharadita de polvos de hornear
1/2 cucharadita de sal
1 cucharada de extracto de vainilla
2 tazas de crema rich's
1 lata de frutas en conserva (piña, duraznos, damascos o frutilla) o
    mermelada de la fruta que gustes

Bate las claras hasta que se endurezcan, a punto de nieve. En otro bol, bate las yemas hasta que estén cremosas. Luego, agrega el azúcar, el agua, la harina, el polvo de hornear y la sal. Con una cuchara incorpora las claras de huevo, revolviendo suavemente. Vierte la mezcla en un molde para tortas y hornea a fuego alto por 35 minutos o hasta que al probar con un cuchillo en el centro éste salga limpio. Dejar enfriar.
Cuando la torta esté fría, corta la torta a la mitad o en tres capas horizontales. En un bol, bate la crema Rich's hasta que esté dura, mezcla lamitad de la crema con las frutas molidas o mermelada formando así el relleno.Toma un disco de la torta, viete sobre esté un poco del jugo de las frutas en conserva y luego esparce un poco del relleno de crema con frutas. Si usas mermelada, vierte un poco de licor o agua con azúcar sobre los discos de torta y luego la crema. Haz lo mismo con las otras capas. La capa superior y costados de la torta, cúbrelas con la crema Rich's batida sin fruta y decora según tu gusto.

TORTA DE CHOCOLATE

1 taza de cacao
1 cucharada de café instantáneo
1 taza de agua tibia
3 tazas de harina
2 cucharaditas de bicarbonato de sodio
1/2 cucharadita de polvos de hornear
1 pizca de sal
4 huevos
1 taza de aceite
2 1/4 tazas de azúcar
2 cucharadas de extracto de vainilla
1/2 cucharadita de extracto de almendras

Toma 3 bols para hacer 3 mezclas diferentes. En el primero mezcla el cacao junto con el café disuelto en la taza de agua. En el segundo, mezcla la harina, el bicarbonato, los polvos de hornear y la sal. Y en el tercer bol, mezcla con batidora eléctrica los huevos, el aceite, el azúcar y los extractos de vainilla y almendras. Agrega a la mezcla de los huevos un poco de la primera y de la segunda mezcla, alternativamente, batiendo simultáneamente con la batidora de mano. Verter sobre un molde engrasado. Hornear a fuego medio por 45 minutos o hasta que al meter un palito en el centro de la torta, salga seco. Si deseas puedes cortarlo por la mitad y ponerle mermelada o crema. Decorar con crema.

TORTA DE CHOCOLATE CON MAYONESA

Fácil y deliciosa
1 1/2 tazas de mayonesa
1 1/2 tazas de agua
1 1/2 cucharaditas de extracto de vainilla
3 tazas de harina
1 1/2 tazas de azúcar
2/3 taza de cacao amargo en polvo
2 1/4 cucharaditas de polvos de hornear
1 1/2 cucharadita de bicarbonato de sodio

En un bol mezcla bien la mayonesa con el agua y el extracto de vainilla. En otro bol más grande pon todos los ingredientes secos. Con batidora de mano, agrega a la mezcla seca, la mezcla de la mayonesa batiéndolo bien. Engrasa un molde de queque y échale la mezcla de chocolate. Hornea a fuego medio alto por 50 minutos o cuando insertes un palito en el centro, éste salga seco. Dejar enfriar. Cuando esté frío, cortar en dos y rellenar con mermelada de frambuesa o frutilla. Puedes derretir chips de chocolate con un poquito de aceite en una olla y con ésta cubrir la torta.

TORTA DE CHOCOLATE CON CREMA

6 huevos separados
2 tazas de azúcar
3/4 de taza de agua
3 tazas de harina cernida
1 cucharadita de polvos de hornear
1/2 cucharadita de sal
1 cucharada de extracto de vainilla
1 taza de cacao
Crema
2 tazas de crema rich's
1/2 taza de azúcar
5 cucharadas de cacao o más según tu gusto
mermelada de frutilla, frambuesa o cualquier otro sabor

En un bol bate las claras de los huevos hasta punto de nieve. En otro bol, bate las yemas con el azúcar, el agua, la harina, los polvos de hornear, la sal, la vainilla y el cacao. Cuando la segunda mezcla esté bien batida, agrega las claras de huevo incorporando suavemente con una cuchara. Vierte la mezcla en una bandeja para el horno y hornea a de fuego alto por 1 hora aproximadamente. Dejar enfriar.

En un bol bate la crema rich´s con el azúcar y el cacao, hasta que se ponga dura.

Aparte, prepara un almíbar para mojar la torta:

1 taza de agua
3/4 de taza de azúcar
1 cucharada de licor, whisky o extracto

Pon en una olla el agua con el azúcar y el licor, cocina hasta que el azúcar se disuelva.

Cuando la torta esté fría córtala en 2 o 3 capas. Moja la capa de abajo con el almíbar, luego pon una capa fina de mermelada, luego la crema y la torta, repite sobre la capa superior, termina con crema. Decora con chocolate rallado, nueces o con lo que desees.

TORTA DE DAMASCOS

3/4 taza de azúcar rubia
1 taza de margarina
1 lata de damascos en rebanadas
2 1/4 tazas de harina
1 cucharada de polvos de hornear
2 cucharaditas de canela
1 1/2 tazas de azúcar
3 huevos separados
3/4 taza de leche de soya o agua
1 1/2 cucharaditas de extracto de vainilla

En una olla combina el azúcar rubia con 4 cucharadas de la margarina, derritiendo y mezclando. Vierte esta mezcla en un molde para tortas. Arregla las rebanadas de damascos sobre la mezcla. En un bol, con la batidora de mano, mezcla el resto de la margarina con el azúcar hasta formar como una crema. Agrega las yemas. En otro bol combina la harina, los polvos de hornear y la canela. Mezcla la leche con la vainilla y vierte alternativamente con la mezcla de la harina. En otro bol, bate las claras a punto de nieve. Échalas a la otra mezcla revolviendo suavemente. Vierte sobre los damascos. Hornea a fuego medio alto por 55 a 60 minutos o hasta que al probar con un palito en el centro de la torta, éste salga seco. Voltea la torta para servir.

TORTA DE MANZANA

2 tazas de manzanas verdes sin cáscara y rebanadas finamente
3 cucharadas de azúcar
1 cucharadita de canela
2 tazas de azúcar
3 tazas de harina cernida
1 taza de aceite
4 huevos
1/4 de taza de jugo de naranja
2 cucharaditas de vainilla
1 cucharadita de polvos de hornear
1/2 cucharadita de sal

En un bol pon las 3 cucharadas de azúcar y la canela; revuelve bien y añade las manzanas mezclando para que se impregne bien.

En otro bol, combina las 2 tazas de azúcar con el aceite, los huevos, el jugo de naranja y la vainilla. Ya mezclados, agrega la harina, los polvos de hornear y la sal, hasta obtener una mezcla suave. En una bandeja engrasada para el horno, pon 1/3 de ésta y luego encima las manzanas, repitiendo alternadamente. Llevar a horno con fuego alto por 60 minutos o hasta que el cuchillo salga limpio en el centro de la torta. Dejar enfriar.

TORTA DE PIÑA

3 tazas de harina
2 tazas de azúcar
1/2 taza de jugo de piña
3 cucharaditas de polvo de hornear
1 taza de soda (agua con gas)
1/2 taza de aceite
6 huevos
rodajas de piña

Separa la claras de las yemas. Bate las claras a punto de nieve. En otro bol bate las yemas con el azúcar, la harina, los polvos de hornear, el aceite, la soda y el jugo de piña. Unir con las claras revolviendo suavemente con una cuchara. Hacer un caramelo y poner en la asadera donde hornearás la torta. Disponer las rodajas de piña encima del caramelo y sobre éstas echar la mezcla de la torta. Hornear a fuego medio alto hasta que al pincharlo con un palito éste salga limpio.

TORTA MARBLE

2 tazas de azúcar
1 taza margarina o aceite
31/2 tazas de harina
3 cucharaditas de polvos de hornear
1 taza de jugo de naranja
2 cucharaditas de extracto de vainilla
4 huevos
1/4 taza de cacao amargo

Percalina el horno a temperatura alta. En un bol mezcla con batidora de mano el azúcar con la margarina a velocidad mínima hasta que se incorporen bien. Aumenta la velocidad y mezcla hasta hacer una crema. Agrega el resto de los ingredientes, menos el cacao, hasta obtener una buena mezcla. Verter la mitad de la mezcla en un molde engrasado. Agrega el cacao a la otra mitad de la mezcla, mezclándolo bien con la batidora de mano. Verter sobre la mezcla blanca. Inserta un cuchillo o espátula en la mezcla y muévelo en diferentes direcciones. Hornear por 1 hora, aproximadamente, o hasta que al insertar un palito en el centro, éste salga seco.

PUDIN DE CHOCOLATE

2/3 taza azúcar
1/3 taza cacao
3 cucharadas de maicena
1/4 cucharadita sal
2 1/4 taza leche de soya natural
1 cucharadita vainilla

En una olla, combina los cuatro primeros ingredientes y gradualmente vierte la leche de soya natural, revolviendo bien para diluir todos los ingredientes secos de forma que no queden grumos. Cocina la mezcla a fuego medio, mezclando constantemente hasta hervir. Hierve por un minuto. Agrega la vainilla y mezcla otra vez.
Si la mezcla no te queda suficientemente espesa, diluye 2 cucharadas mas de maicena en un poquito de agua, agrégala a la mezcla de chocolate y revuelve hasta que espesé. Verter en copas individuales si deseas o en un bol. Servir frío.

Comida Láctea

CREMA DE VEGETALES

Puedes hacerla con lo que quieras: champiñones, brócoli, coliflor,
zanahoria, espinaca, etc.
2 paquetes de brócoli
3 tazas de leche
3 cucharadas de maicena
1/2 taza de agua
1 cucharada de sal
1 cucharadita de ajo en polvo
1 cucharadita de cebolla en polvo
1 cúbito de sopa de vegetales

En una olla hierve el brócoli hasta que se ponga suave, más o menos 30 minutos. Colar. En una licuadora, pon la leche, la maicena, el agua y el brócoli y bátelo hasta obtener la consistencia de una crema. Poner todo en una olla, agregando todas las especies, según tu gusto. Calentar y servir.

Opcional: Servir con rebanadas de queso o queso rallado sobre la sopa.

SOPA DE CEBOLLA

4 cucharadas de mantequilla
2 cucharadas de aceite
7 tazas de cebollas rebanadas
1 cucharadita de sal
2 cucharaditas de ajo molido
1 cucharadita de albahaca
1 cucharadita de tomillo
3 cucharadas de harina
8 tazas de agua
sal y pimienta a gusto
croutons
1 taza de queso rallado

En una olla derrite la mantequilla y el aceite a fuego medio. Agrega las cebollas y las especies y cocina, revolviendo ocasionalmente, por 20 a 30 minutos o hasta que las cebollas se doren. Espolvorea la harina sobre las cebollas y continúa revolviendo por 2 a 3 minutos más. Mientras revuelves, agrega el agua gradualmente y cocina cubierto por 40 minutos. Agrégale sal y pimienta a gusto. Servir con croutons y queso.

SOPA DE CHAMPIÑONES

10 cucharadas de mantequilla
6 cucharadas de cebolla picada
2 taza de champiñones
1 taza de agua hirviendo o de caldo parve
4 cucharadas de harina
4 tazas de leche
4 cucharaditas de sal
1 pizca de pimienta
2 cucharaditas de extracto de carne parve

Saltea las cebollas y los champiñones en 6 cucharadas de mantequilla. Agrégale el agua hirviendo y cocina hasta que los champiñones estén tiernos. Prepara una salsa blanca con 4 cucharas de mantequilla, harina, leche, sal y pimienta. Agrégala al sofrito anterior y añade las 2 cucharaditas del extracto de carne. Cocinar por 20 minutos. Sírvelo con perejil picado y croutons.

BERENJENA A LA PARMESANA

Salsa:
1 lata de concentrado de tomates diluido en 5 tazas de agua
8 hojitas de perejil molido
1/8 cucharadita de pimienta
1/4 cucharadita de sal
1 1/2 cucharadita de orégano
2 dientes de ajo molidos
2 berenjenas grandes, cortadas en rebanadas

Empanado par las berenjenas:
1/2 taza de harina
2 huevos
1/2 taza de pan rallado
1 cucharadita de orégano
1/2 cucharadita de sal
1/4 cucharadita de pimienta
aceite para freír
2 tazas de queso mozarella o cheddar

En un bol mezclar todos los ingredientes de la salsa y dejar a un lado.
Toma las berenjenas y úntalas en la harina. Luego en un bol bate los huevos. En otro bol mezcla el pan rallado con las especias. Sumerge las berenjenas en el huevo batido y empana con el pan rallado por los dos lados. Fríe en sartén con aceite hasta dorar.
En un pyrex, pon un poquito de la salsa hasta formar una capa fina. Pon una capa de berenjenas. Agrega la mitad de la salsa sobre las berenjenas. Pon la mitad del queso sobre la salsa. Cubre con el resto de las berenjenas, agrega el resto de la salsa sobre ellas y echa el resto del queso por encima. Hornear a fuego medio alto por 25 minutos.

BLINTZES DE CHAMPIÑONES

Masa:
1/2 litro de leche
2 tazas de harina
3 huevos
1 cucharada de margarina derretida

Relleno:
2 cebollas
2 cucharadas de aceite
1 cucharada de margarina
1/2 kg. de champiñones frescos
sal y pimienta al gusto
1 diente de ajo picado
1 cucharada de perejil picado

Pica finamente las cebollas y dóralas en la mezcla de margarina y aceite. Lava, seca y corta los champiñones. Agrégalos a la cebolla dorada y saltéalos por 10 minutos. Condimenta con sal, pimienta y ajo picado. Añade el perejil al último.

Prepara la masa de panqueques con los ingredientes indicados. Enmanteca una sartén, y vierte una cucharada de la masa, inclinando la sartén de modo que cubras toda la superficie de la misma y dórala de ambos lados. Trata de que te queden muy finitos. Rellénalos con los champiñones, dobla los costados hacia el centro y luego enróllalo hacia arriba. Fríelos un poquito en manteca o aceite y sírvelos calientes.

BLINTZES DE QUESO

Masa:
1 taza de harina
1 cucharadita de sal
4 huevos batidos
1 taza de leche o agua

Relleno:
2 paquetes de queso ricota o farmer's cheese
1-2 yemas de huevo batidas
1 cucharada de mantequilla derretida
azúcar al gusto

Cierne la harina con la sal. En un bol mezcla los huevos con la leche o agua. Incorpora la harina y revuelve bien hasta obtener una mezcla suave. Si te quedan grumos de harina, pasa la mezcla por un cernidor de hoyos pequeños. En una sartén pon un poco de aceite o mantequilla; echa una cucharada de la mezcla y mueve el sartén para que se forme un círculo (que sea lo más delgado posible). Cocina a fuego lento hasta que la parte de arriba se vea seca. En una toalla de cocina limpia pon el panqueque, dejando el lado más dorado hacia arriba. Haz lo mismo con el resto de la mezcla, formando más o menos 12 círculos.

Mezcla en otro bol los ingredientes del relleno. Toma uno de los círculos y pon en el centro una cucharada del relleno. Envuélvelo doblando los costados hacia el centro y luego hacia arriba; fríe cada blintz hasta dorar por ambos lados.

Puedes rellenarlos con puré de papas con cebolla frita, o con espinaca, o con atún. En resumen, con lo que quieras.

ESPAGUETIS

1 paquete de espaguetis
1 cebolla grande cortada a plumas
1 zanahoria rallada
aceite para sofreír
1 diente de ajo molido
salsa de tomates (pagina 200)
queso rallado (opcional)

Cocer los espaguetis de la forma normal y cuélalos. En una sartén sofríe las cebollas con las zanahorias y agrégale la salsa de tomates. Calienta la salsa, viértela sobre los espaguetis y servir.

LATKES DE QUESO

230 gramos de queso cottage
1/4 cucharadita de extracto de vainilla
2 a 3 huevos
1/4 cucharadita de canela en polvo
1/4 de taza de azúcar
1 pizca de sal
1/2 taza de harina
aceite para freír

En un bol mezcla todos los ingredientes. Forma tortitas y fríelas en sartén con aceite.

ZAPALLITOS ITALIANOS
A LA PARMESANA

6 tazas de zapallitos italianos rebanados finamente
1 diente de ajo molido (opcional)
3 cucharadas de aceite
1 taza de salsa de tomate
1 cucharadita de sal
1/4 de cucharadita de orégano
1/4 de cucharadita de albahaca
1 taza de queso cottage
1 huevo batido
1 cucharadita de perejil molido
1/4 cucharadita de migas de pan
1/2 taza de queso mozarella rallado

Calienta el horno a temperatura alta. En un bol mezcla el queso cottage, el huevo, y el perejil. En una bandeja para hornear, arregla la mitad de la cantidad de los zapallitos italianos de forma uniforme. Cúbrelos con la mitad de las miga de pan, luego con la mitad de la salsa de tomate, con la mitad del queso cottage y la mitad del queso mozarella. Repite este procedimiento guardando un poco de queso mozarella para la parte superior. Llevar al horno por 25 minutos. Servir caliente.

PASTELITOS LIBANESES DE ESPINACA

Masa:
1 cucharada de levadura seca
1 taza de agua tibia
1 taza de leche
6 1/2 tazas de harina
1 cucharada de sal
3/4 de taza de aceite

Relleno:
1 kilo de espinaca cocida
2 cebollas cortadas en cuadritos
1/4 de taza de aceite
11/2 taza de queso rallado
1/4 cucharadita de pimienta
1 cucharadita de sal
2 cucharadas de jugo de limón
1/4 taza de pimentón verde en cuadritos (opcional)

Masa: En un bol, disuelve la levadura en el agua. Agrega la leche, los ingredientes secos, y el aceite. Amasa sobre una superficie enharinada formando una masa suave y elástica; ponla en un bol aceitado y pinta la parte de arriba con aceite. Deja que la masa suba hasta duplicar su volumen.

Relleno: Lava y corta las espinacas en pedazos chicos. En una sartén, fríe la cebolla en aceite hasta que suavice. Combina las espinacas con la cebolla, el queso, las especies, el jugo de limón y el pimiento, mezclándolos bien.

Precalienta el horno a temperatura alta. Para formar los pastelitos, toma la masa y corta cuadraditos de 4 cms. aproximadamente. Rellénalos con una cucharada del relleno y dobla formando triángulos. Sellar los bordes con un tenedor. Pon los pastelitos en una lata engrasada. Pinta con aceite cada uno y hornea por 25 minutos, aproximadamente, o hasta dorar.

MASA PARA PIZZA (I)

(Para 2 pizzas)
1 cucharada de levadura seca
1/3 de taza de agua tibia
1 taza de jugo de manzana o agua
3 tazas de harina
1 cucharadita de sal
Salsa para pizza, página 200

En un bol disuelve la levadura en un 1/3 de taza de agua tibia, (que repose por 10 minutos). Cierne la harina en otro bol y agrégale la levadura, la sal y el jugo de manzana. Mezcla bien, formando la masa y deja que suba por 1 hora y media. Precalienta el horno a temperatura alta. Corta la masa en dos porciones y extiende con el uslero formando dos círculos grandes. Ponerlos en bandejas engrasadas cubiertos con salsa y queso. Hornear por 15 a 20 minutos.

MASA PARA PIZZA (II)

1 cucharadita de azúcar
1 taza de agua tibia
1 cucharada de levadura seca
2 cucharadas de aceite o mantequilla
31/2 tazas de harina
1/8 cucharadita de sal
2 huevos batidos
Salsa para pizza, página 200
Opcional : Toppings de tomate, choclo, cebolla, pimentones, cebolla, champiñones, salmón, etc.

En un bol mezcla el agua, la levadura y el azúcar. Disuelve bien la levadura y deja reposar por 10 minutos hasta que burbujee. Agrega el resto de los ingredientes. Mézclalos bien para formar una buena masa. Cúbrela y deja la masa crecer por 1 hora. Estira sobre una bandeja para el horno y añade la salsa y queso. Honrnea por 20 minutos.
Puedes agregarle los toppings de tu preferencia sobre la masa y luego queso.

PIZZA EXTRA FÁCIL

para una pizza grande o dos medianas
1 taza de harina
1/3 de taza de agua
1 cucharadita de polvos de hornear
1/2 cucharadita de sal
2 cucharadas de aceite para freír (aprox.)
1/4 a 1/2 taza de salsa de tomates
1/4 a 1/2 taza de queso mozzarela y chedar rallado
vegetales rebanados y cocidos a gusto como champiñones, pimientos, cebolla, choclos, etc.
Salsa para pizza, página 200

En un bol, pon la harina con los polvos de hornear, la sal y el agua. Mézclalos y amasa bien para formar la base de la pizza. Con un uslero, en una superficie enharinada, extiende la masa y forma un circulo del diámetro de la sartén. Pon 1 cucharada de aceite en una sartén y caliéntalo; ya caliente, pon la masa de la pizza y hazle hiyitos con un tenedor a toda la masa, cocínala la por 3 a 5 minutos hasta dorar. Agrega la otra cucharada de aceite, si es necesario y voltea la masa. Esparce 2 a 3 cucharadas de salsa de tomate sobre toda la superficie y cubre con el queso y los vegetales de tu elección. Tapa la pizza y cocina por 3 a 5 minutos más, hasta que se dore la parte inferior de la masa y el queso se derrita.

SALSA DE TOMATE PARA PIZZA

1 lata de concentrado de tomates
agua para diluir el concentrado de tomate
1/2 cucharada de orégano
2 cucharada de azúcar
1/2 cucharada de albahaca seca
1/2 cucharada de ajo en polvo

Mezcla todos los ingredientes para la salsa, que no quede muy espesa y usar según la receta .

PANQUEQUES

Mezcla básica:
5 tazas de harina
2 cucharadas más 2 cucharaditas de polvos de hornear
3/4 de taza de azúcar
2 cucharaditas de sal

Junta todos estos ingredientes y ponlos en una bolsa para guardar o en un guarda - alimentos. Esta mezcla estará lista para el momento en que la quieras hacer.
Para hacer 14 a 16 panqueques, necesitas agregar los siguientes ingredientes:

1 taza de leche
1 huevo batido
2 cucharaditas de margarina derretida o aceite
aceite para freír

Revuelve bien los ingredientes de la mezcla básica, para que queden bien distribuidos. En un bol, pon 1 1/3 tazas de esta mezcla. Agrégale la leche, el huevo y el aceite. Revuélvelos bien hasta obtener una mezcla suave. Poner en un sartén un poquito de aceite, ya caliente agrega dos cucharadas de la mezcla y dorar por ambos lados. Servir con syrup, miel, manjar si deseas o con lo que gustes.

PASTEL DE ATÚN

Fácil y sabroso
2 huevos
1 lata de atún
1/2 taza de mayonesa
1/2 taza de queso rallado
1/2 taza de leche
4 ramitas de cebollín, cortados en pedazos chicos

En un bol mezcla los huevos, la mayonesa y la leche. Agrégales el resto de los ingredientes. Poner en una budinera y hornear 40 minutos aproximadamente.

PASTA PRIMAVERA

1 taza de zanahorias rebanadas
1 diente de ajo molido
1/4 taza de aceite de oliva
2 tazas de salsa portuguesa
2 tazas de champiñones rebanados
2 cucharadas de maicena
1/2 cucharadita de orégano
2 cucharaditas de albahaca
2 tazas de porotos verdes precocidos
200 gr. de pasta corbatas o faroles cocidos y colados
1 cucharada de perejil cortado (opcional)

En una sartén dora las zanahorias junto con el ajo y el aceite de oliva, a fuego medio, por más o menos 5 minutos. Agrégale los tomates, los champiñones, la maicena y las hiervas. Cocínalo por unos minutos, revolviendo constantemente hasta que tenga la consistencia de una salsa espesa. Agrégale los porotos verdes y caliéntalos. Agrega la pasta y mezcla bien. Adorna con el perejil, si lo deseas.

BUDÍN DE ARROZ

2/3 de taza de arroz crudo
1 1/3 tazas de agua
2 huevos
1/2 taza de azúcar
1/2 taza de pasas (opcional)
2 tazas de leche
1/2 cucharadita de extracto de vainilla
1/4 cucharadita de sal
nuez moscada

En una olla pon a hervir el arroz por 14 minutos, hasta que toda el agua se absorba. Precalienta el horno a temperatura media. Bate los huevos, agrégales el azúcar, las pasas, la leche, la vainilla y la sal al arroz caliente. Salpica con nuez moscada molida. Hornéalo descubierto, revolviendo de vez en cuando, hasta que el cuchillo al insertarlo salga limpio. Más o menos 50 a 60 minutos. Sírvelo caliente o frío. Conservar en el refrigerador.

TORTA DE QUESO (I)

1/2 kilo de requesón
2 quesos crema
1 taza crema agria
ralladura de 2 limones
3 cucharaditas de vainilla
6 huevos
2 cucharadas de harina
1 vaso de azúcar

Se bate el requesón con el azúcar, hasta que quede como una pasta. Se agrega el queso crema, la crema agria, la harina, los huevos, la vainilla y el limón. Engrasa un molde para torta y luego salpica con harina. Vierte la mezcla del queso y lleva al horno por aproximadamente 40 minutos. Deja enfriar. Para decorar, puedes cortar frutillas por la mitad o mermelada de frambuesas o fresas. Refrigerar.

TORTA DE QUESO (II)

1 base para tarta
2 paquetes de queso crema
1/2 taza de azúcar
1/2 cucharadita de vainilla
2 huevos

Mezcla con la batidora eléctrica el queso crema, el azúcar, la vainilla y los huevos. Vierte sobre la base de tartas y lleva al horno a fuego alto por 40 minutos o hasta que el centro se vea duro. Servir frío.

MANJAR O DULCE DE LECHE

3 litros de leche
1 kg. de azúcar
1 cucharada de extracto de vainilla

En una olla grande pon la leche con el azúcar y la vainilla. Cuando hierva, bájale el fuego al mínimo. Cocinar a fuego lento por mínimo 4 horas, revolviendo frecuentemente hasta que tome el color café del manjar o dulce de leche. Dejar enfriar y refrigerar.

CROISSANTS

1 1/2 taza de mantequilla o margarina
4 1/2 tazas de harina
1 cucharada de levadura en polvo
1 1/4 tazas de leche
1/4 de taza de azúcar
2 huevos
1 cucharada de agua o leche

En un bol, pon 3 tazas de harina y agrégale la mantequilla cortada en rebanaditas no muy gruesas, mezclando bien. En otro bol pon 1 1/2 tazas de harina con la levadura.

En una olla, calienta la leche, el azúcar y 1/2 cucharadita de sal. Sacar del fuego y agrega la harina con la levadura y 1 huevo. Bate con una batidora manual por 3 minutos. Luego, con una cuchara, agrégale la mezcla de la levadura a la de harina con la mantequilla y revuelve bien hasta que la harina quede toda mojada. En una superficie limpia, espolvorea harina para trabajar la masa. Dispón la masa en la superficie, y amásala con las manos. Con un rodillo estira la masa formando un rectángulo de 52 x 30 cms, incorporando la harina necesaria para que no se pegue. Dobla la masa en tercios formando un rectángulo de 30 x 17.5 cms. Refrigera la masa por 1 1/2 hora o en el congelador por 20 a 30 minutos.

En la superficie de trabajo, estira la masa otra vez formando rectángulo de 52 x 30 cms., dobla en tercios y hazle un cuarto dobles nuevamente. Estira la masa con el uslero, y dóblala de vuelta varias veces más, para así formar capas. Ponla en una bolsa plástica, dejando espacio para que leude. Refrigerar por lo menos 4 a 24 horas. Sácala y divídela en cuatro porciones. Toma una de las porciones y ponla en una superficie con harina para trabajarla, (las otras 3 porciones déjalas en el refrigerador por mientras). Estira la masa formando un rectángulo y en él corta varios triángulos. Enrolla cada triángulo de la parte más gruesa a la más fina para formar los croissants. Haz lo mismo con el resto de la masa. Pon los croissants en una bandeja engrasada con las puntas hacia abajo, encorvándolos como en forma de medialuna. En un bol, bate 1 huevo junto con una cucharada de agua o leche. Pinta los croissants con esta mezcla. Hornéalos a fuego medio alto por 15 minutos aproximadamente o hasta dorar. Si deseas, puedes rellenarlos con quesillo o pedacitos de chocolate.

PUDÍN DE CHOCOLATE

2/3 de taza de azúcar
1/3 de taza de cacao amargo
3 cucharadas de maicena
1/4 de cucharadita de sal
2 1/4 tazas de leche
1 cucharadita de extracto de vainilla
1 huevo (opcional)

Combina los primeros cuatro ingredientes en una olla. Gradualmente, agrégale la leche y cocina a fuego medio. Revolver constantemente hasta que la mezcla espese y hierva por un minuto. Agrégale la vainilla, el huevo y mézclalos bien.
Verter en molde grande o individuales. Dejar enfriar y guardar en el refrigerador.

TORTA DE QUESO (III)

2 huevos
1/2 taza de azúcar
2 cucharaditas de extracto de vainilla
1 1/2 taza de crema agria
2 paquetes de queso crema a temperatura ambiente
2 cucharadas de margarina
1 base para tartas

En un bol, mezclar con batidora de mano los huevos, el azúcar, el extracto de vainilla y la crema agria. Agregar los dos quesos cremas y la margarina. Batir bien. Verter la mezcla en una base para tartas. Hornear a fuego medio por 40 minutos. Dejar enfriar. Guardar en el refrigerador.

QUEQUE BLANCO ALEMÁN

1 taza de mantequilla
1 taza de azúcar
1 taza de azúcar flor
4 huevos separados, las claras a punto de nieve
1 cucharadita de extracto de vainilla
1 cucharadita de extracto de almendras
3 tazas de harina cernida 3 veces
2 cucharaditas de polvos de hornear
1 pizca de sal
1 taza de leche

En un bol, mezcla con una batidora de mano la mantequilla con el azúcar y el azúcar flor, echándolos poco a poco. Agrégales las yemas de los huevos, los extractos de vainilla y almendra. Junta la harina con los polvos de hornear y la sal en otro bol. Pon la leche y la harina alternativamente a la mezcla anterior hasta obtener una consistencia cremosa. Incorpora las claras a punto de nieve con una cuchara, revolviendo suavemente. Engrasa un molde para queques y vierte la mezcla. Hornea a fuego medio alto por 1 hora o hasta que al insertar un palito en el medio, éste salga seco. Puedes espolvorearlo con azúcar flor una vez horneado para decorar.

TORTA DE QUESO (IV)

3 huevos
1 taza de azúcar
1 cucharadita de extracto de vainilla
2 tazas de crema espesa
2 paquetes de queso crema a temperatura ambiente
3 cucharadas de harina
2 yoghurts naturales
1 base para tartas (opcional)

En un bol, bate todos los ingredientes con batidora de mano, hasta que quede todo bien mezclado. Vierte sobre la base para tartas o vierte sobre una fuente para hornear aceitada. Cocina en el horno por 40 minutos.

Pésaj

BROWNIES DE PÉSAJ

1 taza de azúcar
1/4 taza de aceite o margarina
2 huevos
6 cucharadas de cacao
1/4 de taza de agua con
1 cucharada de café instantáneo
1 pizca de sal
1/4 de taza de cake meal (harina para tortas)
1/4 de taza de potato starch (fécula de papa)
1 taza de nueces molidas

Mezcla con batidora de mano el azúcar con el aceite o la margarina y agrega los huevos. En otro bol mezcla el cacao con el café y añade a la primera mezcla. Agrega el resto de los ingredientes. Vierte la mezcla en una lata para queque previamente aceitada y lleva al horno a fuego alto por aproximadamente 30 minutos. Después de enfriar corta en cuadrados.

TORTA DE MANZANA (PÉSAJ)

4 manzanas, rebanadas finamente
3/4 de taza de azúcar
1/4 de taza de potato starch (fécula de papa)
1/2 taza de cake meal (harina para tortas)
4 huevos
1 cucharadita de jugo de limón
1 cucharadita de la ralladura de un limón
canela y azúcar para espolvorear

Bate los huevos por 20 minutos. Agrega lentamente el azúcar, luego el jugo y la ralladura de limón. Añade el cake meal y la fécula de papas. Engrasa una lata para tortas y espolvoréala con canela y azúcar. Pon encima las manzanas. Luego vierte la mezcla de la torta y lleva a horno alto por 40 minutos. Después de enfriarse voltéala y sirve.

MATZO BREI

2 matzot
1 taza de agua
2 huevos
1/2 cucharadita de sal
1 cucharada de aceite o margarina

Corta las matzot en pedazos chicos y sumérgelas en un bol lleno de agua por 2 a 3 minutos. Poner en un colador para que se escurra toda el agua. En un bol, bate los huevos con la sal y agrega la matzá, mezclando bien. En una sartén, calienta el aceite y fríe la mezcla por ambos lados o hasta dorar. Servirlo ya sea con canela y azúcar o crema agria según tu gusto.

BEIGALEJ

1/2 taza de aceite
1 taza de agua
1 cucharadita de sal
1 cucharada de azúcar
2 tazas de harina de matzá
4 huevos
1 huevo para pintar

Hierve el aceite, el agua, la sal y el azúcar. Incorpora la harina de matzá y mezcla bien. Agrega los huevos uno a uno, sin dejar de mezclar. Deja descansar por 20 minutos. Divide la masa en 12 partes. con las manos untadas, enrolla la masa. Forma una trenza y ciérrala en círculo. Píntala con el huevo batido. Ponla en una asadera untada al horno moderado por 50 minutos, hasta que se dore.

BLINTZES

5 huevos
1 1/3 tazas de agua
1 pizca de sal
3/4 de taza de harina de matzá
2 tazas de ricota
3 cucharadas de yoghurt natural o crema de leche ácida
azúcar a gusto
la cáscara rallada de un limón

Bate cuatro huevos, agrégales el agua, la sal y la harina de matzá. Fríe por cucharadas en una sartén. Dora los panqueques de un lado y colócalos sobre un paño de cocina. Mezcla la ricota, el yoghurt, el azúcar, 1 huevo batido y condimentos. Cubre la mitad de cada panqueque con esta mezcla y enróllalo. Fríelo en mantequilla o aceite, y sírvelos calientes con crema de leche.

BOLITAS DE MATZÁ CON CEBOLLA FRITA

2 cucharadas de aceite
2 huevos
1/2 taza de harina de matzá
1 cucharada de sal
2 cucharadas de sopa de pollo o agua
2 a 3 cebollas cortadas en tiras
2 cucharadas de azúcar

En un bol mezcla los huevos con el aceite. Agrégales la harina de matzá y la sal. Añade la sopa de pollo o el agua y mézclalos bien. Cubre en un bol y ponlo en el refrigerador por 20 minutos. Pon sobre el fuego una olla con agua. Cuando ésta hierva, forma las bolitas, poniéndolas en la olla. Si se te pegan las bolitas en las manos al formarlas, mójatelas con agua. Cubre la olla y cocina a fuego medio por 30 a 40 minutos.
Mientras éstas hierven, en una sartén sofríe la cebolla hasta que se pongan transparentes y agrega el azúcar. Una vez listas las bolitas, cuélalas y

mezcla con la cebolla frita. Cocina por unos 5 minutos. Servir caliente como acompañante de carne o pollo.

BUÑUELOS

Estas frituras de matzá son deliciosas para desayunar o comer a cualquier hora del día.

6 a 8 hojas de matzá
agua
2 a 3 huevos
1 cucharadita de sal
aceite para freír
azúcar

Corta la matzá en pedacitos pequeños con tus manos. Colócalas en un bol y cúbrelas con agua. Deja remojar por unos minutos hasta que la matzá se ponga suave. Una vez remojada, traspásala a un colador para exprimirle bien toda el agua. En un bol, coloca la matzá, los huevos y la sal. Mezclalas bien. Forma bolitas con la mezcla. Fríe en aceite hasta dorar. Espolvorea con azúcar antes de servir.

CHAMPIÑONES
CON QUESO AL HORNO

250 grms. de champiñones
2 cucharadas de mantequilla
2 tazas de leche
250 grms. de queso rallado
1 pizca de sal
1 pizca de pimienta
3 yemas
2 claras
4 matzot o 2 tazas de farfel de matzá

Saltear los champiñones en la mantequilla. Calienta la leche sin dejar que hierva y agrega el queso, la sal y la pimienta. Agrega las yemas batidas. Bate las claras a punto de nieve y únelas a la mezcla de queso. Ahora mezcla las matzot partidas o el farfel de matzá con los champiñones y añádelos a la mezcla del queso. Vierte en una fuente para horno y cocínalo a fuego medio por 30 minutos. Estará listo cuando al hundir un cuchillo en el centro, éste salga seco.

KUGUEL DE FARFEL

3 taza de farfel o de matzá cortada en cuadritos pequeños
4 huevos
1/4 taza de aceite
3 cucharadas de mermelada
1/2 cucharadita de sal
6 cucharadas de azúcar

Pon el farfel en un bol y añade agua tibia. Viértelo sobre un colador y exprime todo el exceso de agua. En otro bol mezcla los huevos, el aceite, la mermelada, la sal y el azúcar. Agrégale el farfel. Pon en un molde para hornear. Si deseas, puedes espolvorearlo con una mezcla de azúcar y canela. Hornéalo a fuego medio por 45 minutos.

FRITURA DE MATZÁ

2 huevos
agua o leche
1 pizca de sal
1 cucharadita de canela
matzot
aceite para freír
azúcar y canela para espolvorear

Bate los huevos, añade la leche o el agua, la sal y la canela. Corta las matzot por la mitad y añade a la mezcla. Fríe las matzot en una sartén con aceite, a fuego medio, hasta que se doren los dos lados. Sirve caliente, espolvoreados con azúcar y canela, con puré de manzanas o con miel.

JAROSET (I)

1/2 taza de nueces picadas
1 cucharada de azúcar
1 manzana rallada
1 cucharadita de canela
1/2 taza de vino tinto

Mezcla todos los ingredientes con el vino, obteniendo una pasta.

JAROSET(II)

1 caja de pasas
1/2 taza de ciruelas pasas secas sin cuesco
1/2 taza de dátiles sin cuesco
1/2 taza de nueces o almendras
1/2 taza de compota de manzana o manzanas ralladas
1 chorrito de vino rojo dulce
1 cucharadita de canela (opcional)

Moler las pasas, las ciruelas pasas secas y los dátiles en un procesador de alimentos. La mezcla obtenida, ponerla en un bol. Agrega el resto de los ingredientes. Si la mezcla está muy dura, agrégale más vino y/o compota de manzana. Cubrir y guardar en el refrigerador.

JAROSET (III)

Estilo israelí
2 manzanas
6 bananas
jugo y la cáscara rallada de un limón
jugo y cáscara rallada de una naranja
20 dátiles
1 taza de maní
1 taza de vino tinto seco
4 cucharadas de frutas confitadas
2 cucharaditas de canela
azúcar a gusto
harina de matzá en cantidad necesaria

Pica las frutas y el **maní**. Agrega el vino y los jugos de limón y de naranja. Incorpora un poco de harina de matzá como para absorber el vino y obtener así una pasta blanda. Mezcla con la canela y espolvorea con azúcar.

JAROSET YEMENITA

30 dátiles picados
20 higos secos picados
2 cucharadas de semillas de sésamo
2 cucharaditas de jengibre rallado o en polvo
harina de matzá
vino tinto seco

Mezcla las frutas y las especies. Añade el vino y la harina de matzá necesaria para formar una pasta firme.

JREMZLEJ DE MATZÁ

7 matzot
3/4 de taza de azúcar
1 taza de nueces picadas
6 yemas
6 claras
la cáscara rallada de medio limón

Remoja las matzot en agua y ponlas en un colador para que escurran bien.
Bate las yemas con el azúcar. Agrega las nueces con las matzot, la cáscara
de limón y, al final, las claras batidas a punto de nieve. Con ayuda de una
cuchara forma croquetas y fríelas hasta dorar. Sírvelas calientes con salsa
de vino.

Salsa de vino:
1/2 litro de vino tinto
3/4 de taza de azúcar
4 yemas
1 huevo

Bate el azúcar con las yemas hasta obtener una crema. Agrega el huevo
entero y el vino. Pon a Baño María hasta que la crema espese.

JREMZLEJ RELLENO

Masa:
3 matzot
3 huevos
1/2 taza de harina de matzá

Relleno:
1/2 taza de almendras picadas
1/3 de taza de azúcar
1 huevo
1 pizca de sal
3/4 taza de ciruelas pasas secas, hervidas y cortadas
1 cucharadita de canela

Remoja las matzot en agua durante 15 minutos y exprímelas. Coloca en un bol los huevos bien batidos, la sal, el azúcar y la harina. Mezcla bien hasta obtener una masa homogénea. Prepara el relleno mezclando todos los ingredientes. Forma bolitas con la masa, rellena en el centro y cierra bien. Pásalas por harina de matzá y fríelas en aceite caliente. Servir con salsa de vino o de limón.

KNEIDLEJ (BOLITAS DE MATZÁ)

2 cucharadas de aceite
2 huevos
1/2 taza de matzo meal (harina de matzá)
1 cucharada de sal
2 cucharadas de sopa de pollo o agua

En un bol mezcla los huevos con el aceite. Agrégales la harina de matzá y la sal. Incorpora la sopa de pollo o el agua y mézclalos bien. Cúbrelo y pon en el refrigerador por 20 minutos. Hierve agua en una olla. Cuando esté lista, forma las bolitas y échalas en ésta. Si se te pegan en la mano, mójatelas con agua. Cubre la olla y cocina a fuego medio por 30-40 minutos. Servir con caldo o sopa.

KUGUEL DE MANZANA (I)

3 matzot
5 cucharadas de aceite
2 tazas de manzanas cortadas en rodajas
1/4 taza de azúcar
4 yemas batidas
2 cucharadas de almendras picadas
1 cucharadita de canela en polvo
4 claras

Remoja las matzot 10 minutos en agua y luego exprímelas. Añade todos los ingredientes, menos las claras, y mezcla bien. Por último, agrega las claras batidas a punto de nieve. Vierte en una fuente de horno aceitada y cocina en horno moderado durante 1 hora.

KUGUEL DE MANZANA (II)

4 manzanas verdes
4 cucharadas de azúcar
1 cucharadita de canela
jugo de medio limón
4 yemas
4 claras
1 1/2 cucharadas de harina de matzá
1/2 taza de almendras picadas

Corta las manzanas en rodajas finas y añade el azúcar, la canela y el jugo de limón. Incorpora las yemas batidas, la harina de matzá y las almendras. Bate las claras a punto de nieve y mezcla lentamente la masa. Coloca en un molde aceitado y cocina a horno moderado durante 45 minutos

KUGUEL DE ZANAHORIA

1/2 taza de margarina
3 cucharadas de harina de matzá
1/4 taza de fécula de papa (chuño)
1/2 taza de vino tinto
2 tazas de zanahorias crudas ralladas
1/4 taza de pasas
1/4 taza de dátiles picados
1/2 taza de azúcar
1 cucharada de canela y jengibre mezclados
La cáscara de 1 limón

Bate la harina de matzá con la margarina hasta obtener una crema. Disuelve la fécula de papa (chuño) en el vino. Mezcla todos los ingredientes. Coloca en un molde aceitado y cocina en el horno a fuego medio durante 1 hora, hasta que quede dorado.

LOKSCHEN DE MATZÁ (BUDÍN)

3 matzot
8 huevos
125 grms. de azúcar
125 grms. de pasas
50 grms. de almendras dulces peladas y molidas
ralladura y el jugo de un limón
extracto de vainilla a gusto
pizca de sal

Remoja las matzot en agua fría, y luego exprímelas bien. Agrega las 8 yemas, el azúcar y los condimentos a la matzá. Incorpora batiendo las pasas, las almendras, el jugo de limón y al último, las claras batidas a punto de nieve. Vierte todo en un molde aceitado, y colócalo dentro de una olla con agua hirviendo, a Baño María y después de cúbrelo. Cocinar por 1 hora, aproximadamente. Servir con alguna salsa de fruta.

MATZÁ MANDLEJ

2 yemas
2 claras
1/2 cucharadita de azúcar
1 cucharada de almendras picadas
1 cucharada de harina de matzá
aceite para freír

Bate las yemas con el azúcar y las almendras hasta obtener una masa cremosa. Incorpora gradualmente la harina de matzá sin dejar de revolver. Bate las claras a punto de nieve con sal y únelas a la mezcla. Vierte gotas de esta masa en una sartén con abundante aceite caliente. Fríe a fuego medio, hasta que los mandlej suban a la superficie (unos 5 minutos). Retirar y poner sobre papel absorbente. Servir con sopa.

MINA DE ACELGA O ESPINACA

10 matzot
1 kg. más dos tazas de acelga o de espinaca cocida
2 tazas de queso ricota fresco
1/4 taza de queso rallado
8 huevos
2 cucharadas de aceite
1 cebolla frita
sal y pimienta a gusto

Remoja las matzot durante 3 minutos en agua con sal. Retíralas lo más enteras que sea posible y déjalas secar. Unta una asadera con el aceite y fórrala con una parte de las matzot.
Une en un bol, la acelga con la cebolla frita, el queso ricota, sal, pimienta y 6 huevos. Mezclalos bien y arregla la mitad de esta mezcla sobre la capa de matzot. Espolvorea con un poco de queso rallado y cubre con otra capa de matzot, acelga y queso rallado. Coloca las matzot restantes y cubre con los huevos restantes. Espolvorea con el resto del queso rallado. Hornea por 30 minutos o hasta dorar.

MINA DE CARNE

10 matzot
8 huevos
2 cebollas
1 papa hervida y pisada
1/2 kg. de carne molida
4 cucharadas de aceite
2 ajíes pimientos
especias
concentrado de tomates para la carne (opcional)

Remoja las matzot durante 3 minutos en agua con sal. Retíralas lo más enteras que sea posible y déjalas secar. Unta una asadera con la mitad del aceite y fórrala con una parte de las matzot.

En una cacerola, dora las cebollas bien picadas, incorpora los ajíes y la carne molida hasta dorar. Agrégale sal y pimienta a gusto, y deja enfriar. Cuando esté fría, agrega la papa con 6 huevos batidos. Mezcla todo y ordena este relleno sobre las matzot. Espolvorea las especias a gusto. Cubre con otra capa de matzá y vierte encima 2 huevos batidos. Hornear por 1/2 hora o hasta dorar. Escurre el aceite al sacar del horno. Corta en porciones y sirve caliente.

MINA DE PUERRO (PORRÓN)

10 matzot
1 kg. de puerro (porrón) hervido
4 papas en puré
8 huevos
1 cebolla
sal y pimienta a gusto
1 taza de queso rallado (opcional)

Procede del mismo modo que con la mina de carne, reemplazando el relleno. Luego de colocar éste sobre las matzot, espolvorea con un poco de queso rallado y cubre con otra capa de matzot. Coloca encima los huevos restantes y espolvorea con el resto del queso rallado.

PAN DE PÉSAJ

10 huevos
1 vaso de aceite
3 vasos de agua
4 vasos de harina de matzá
1 cucharadita de sal

Pon a hervir el agua con el aceite y la sal. Agrega la harina de matzá al agua y revuelve constantemente hasta que se despegue del fondo de la cacerola. Deja enfriar. Incorpora los huevos uno por uno y amasa hasta obtener una masa homogénea. Forma pancitos y colócalos en el horno caliente en una asadera aceitada durante 40 minutos o hasta que queden dorados. Servir tibios.

Esta receta puede prepararse antes y conservar cruda en el refrigerador durante todos los días de Pésaj y hornear a medida que se vayan necesitando.

PANQUEQUES DE HARINA DE MATZÁ

3 huevos
1/2 taza de agua fría
1 cebolla rallada
pizca de sal
harina de matzá
aceite

Bate los huevos, mezcla con agua 2/3 de la cebolla y harina de matzá en cantidad suficiente para formar una masa blanda. Calienta aceite en una sartén, coloca la cebolla sobrante y vierte la masa para hacer un panqueque bien delgado. Dóralo por ambos lados y rellénalo con pollo, carne o verduras.

PANQUEQUES DE MATZÁ DULCE

8 yemas
1/2 taza de azúcar
1 taza de harina de matzá
1 taza de aceite
jugo y la cáscara de medio limón
8 claras

Bate las yemas con el azúcar hasta obtener una crema. Incorpora los demás ingredientes y, al último, las claras batidas a punto de nieve. En una sartén fríe los panqueques por ambos lados y rellena con jalea de damascos.

BASE PARA TARTAS DE PÉSAJ (I)

1/4 de taza de grasa vegetal
2 cucharadas de azúcar
1 pizca de sal
1 taza de harina de matzá
2 cucharadas de agua

Ablanda la grasa y mézclala con el azúcar y una pizca de sal. Agrega lentamente la harina de matzá. Incorpora el agua hasta obtener una masa uniforme. Unta un molde con aceite. Estira la masa sobre la bandeja y pínchala con un tenedor. Cocina a horno moderado durante 10 minutos. Rellena a tu gusto.

QUEQUE DE MERMELADA

8 huevos separados
1 taza de azúcar
1 cucharada de jugo de limón
2 cucharadas de mermelada (cualquier sabor)
1 cucharada de ralladura de limón
2 cucharadas de aceite
8 cucharadas de matzo meal (harina de matzá)
1 taza de nueces granuladas (opcional)

En un bol bate con una batidora de mano las claras de huevo a punto de nieve. En otro bol, mezcla el resto de los ingredientes, los huevos, el azúcar, el limón, la mermelada, el aceite, la harina de matzá y las nueces. Cuando estén bien mezclados, agrega las claras batidas a la mezcla de la mermelada. Con una cuchara revuelve suavemente. Vierte en un molde para queques y hornear a fuego medio alto por 1 hora más o menos o hasta que al pinchar el centro, el cuchillo salga seco.

QUEQUE DE PÉSAJ

6 huevos separados
1 taza de azúcar
1/2 taza de aceite
la ralladura de 1 limón
1/2 taza de jugo de naranja
1/2 taza de potato starch o fécula de papa (chuño)
1/2 taza de matzo meal (harina de matzá)
1 taza de nueces molidas (opcional)

Batir las claras de huevo a punto de nieve. En otro bol, mezcla las yemas con el azúcar, el aceite, la ralladura de limón, el jugo de naranja, la fécula de papa, la harina de matzá y las nueces. Agrega las claras batidas, revolviendo suavemente. Verter en un molde para queques, hornear a fuego medio por 45 minutos, aproximadamente.

TORTA DE CHOCOLATE EN CAPAS

100 gr. de chocolate semidulce
1/2 taza de margarina
1 taza de azúcar fina (se obtiene poniendo azúcar normal en la licuadora)
3 huevos separados
8 matzot completas
vino dulce
1/2 taza de nueces picadas

Derrite el chocolate a Baño María. Bate el azúcar con la margarina. Agrega las yemas, una a la vez, mezclando bien. Bate las claras a punto de nieve. Une el chocolate a la mezcla de las yemas y luego une todo a las claras batidas. Sumerge cada matzá en el vino, por unos segundos. Pon la matzá en una bandeja para el horno o pyrex , cubre con un poco de la mezcla de chocolate y repite este proceso hasta pasar todas las matzot. Cubre la capa de arriba con la mezcla de chocolate y decora con nueces picadas. Tapa y refrigera por 24 horas antes de servir. Corta en rebanadas finas o cuadrados chicos.

TORTA DE ESPINACA CON MATZÁ

8 matzot
4 tazas de espinaca picada y rehogada
4 tazas de salsa de tomates con carne molida
pasas

Deja las matzot remojando diez minutos en agua fría y después exprímelas. Unta una fuente de horno con salsa de tomates y espolvorea con harina de matzá. Dispone una capa de matzá, una de espinaca, otra de matzá, una de salsa de tomates, llenando la fuente con éstas capas alternadas. En la última, mezcla la espinaca y la salsa de tomate. Hornear hasta dorar, mojando de tanto en tanto con salsa de tomates.

TABLA DE SUBSTITUCION DE INGREDIENTES

Levadura - 56 grms, fresca = 3 cucharadas de levadura seca o en polvo

Naranja - el jugo de 1 naranja = 1/3 de taza de jugo de naranja

La ralladura de 1 naranja = 2 cucharadas de ralladura de naranja

Limón - el jugo de 1 limón = 3 cucharadas de jugo de limón

La ralladura de 1 limón = 1 cucharada de ralladura de 1 limón

Miel - 1/2 taza de miel = 1 taza de azúcar

Maizena - 1 cucharada de maizena = 2 cucharadas de harina

Chocolate - 1 barra = 3 cucharadas de cacao + 1 cucharada de margarina

Polvo de hornear - 1 cucharadita de polvo de hornear = 1/4 cucharadita de bicarbonato de soda + 1/2 cucharadita de crema tártara

Mostaza - 1 cucharada = 1 cucharadita de seca

Ajo - 1/8 cucharadita de ajo en polvo = 1 diente de ajo molido pequeño

Huevo - 1 huevo = 2 claras de huevo

TABLA DE CONVERSION DE MEDIDAS

Medidas secas y líquidas

Cucharada = cuchara sopera

Cucharadita = cuchara de té

3 cucharaditas = 1 cucharada

2 cucharadas = 1/8 de taza

4 cucharadas = 1/4 de taza

5 cucharadas + 1 cucharadita = 1/3 de taza

16 cucharadas = 1 taza

1 taza = 250 ml.

3/4 de taza = 200 ml.

1/2 taza = 125 ml.

1/3 de taza = 80 ml.

1 cucharada = 15 ml.

1 cucharadita = 5 ml.

1/2 cucharadita = 3 ml.

1/4 de cucharadita = 1.5 ml.

LA SEPARACION DEL JALÁ

Cuando el pueblo judío llegó a la tierra de Israel, uno de los regalos que les fue ordenado obsequiar a los Cohanim (los sacerdotes) fue de dar la primera y mejor parte de la porción de la masa que cocinaban. El nombre que recibe este regalo dado a los Cohanim que trabajaban en el Bet Hamikdash era Jala y es el mismo nombre que recibe el pan que comemos en Shabat. Hoy en día no tenemos el Bet Hamikdash y por lo tanto no ofrecemos este regalo a los Cohanim, pero en recuerdo de este y para anticipar la futura redención y la construcción del próximo Bet Hamikdash, seguimos observando la mitzva de la separación del jala.

La mujer judía tiene tres mitzvot en especial que cumplir y la mitzva de la separación de la jala es una de ellas. El ama de casa no solo se encarga de preparar el sustento físico de su familia sino que la parte espiritual también. Por medio de la observancia de la separación del jala ella incluye la creencia de que el verdadero sustento viene solo de la mano de D-s. Al igual que nos esta prohibido comer pan sin haber primero separado el jala, igual separamos una parte de nuestras cosas para el servicio a D-s como por ejemplo, el dar tzedaka.

Nuestros sabios nos enseñan que cuando la mujer separa la jala, una bendición resta en su hogar y en su familia. Así como todas las mitzvot hacen que lo material y mundano se eleve a un nivel espiritual, la mujer por medio de la separación de la jala hace que el pan también se eleve. Las mujeres judías han tomado la práctica de hacer jalot para el shabat y festividades para poder cumplir con la mitzva de la separación de la jala.

Para cumplir con la mitzva de la separación de la jala hay que tener varias cosas presentes:

- El tipo de harina: Se separa jala cuando la masa esta hecha de una o la combinación de los 5 tipos de granos, los cuales son: trigo, avena, centeno, espelto y cebada. Otros tipos de harina como la de arroz, soya y maíz cuando son usadas sin los otros 5 tipos de granos no necesitan la separación de jala. Pero si son usadas en combinación con los 5 tipos de granos mencionados, es necesario consultar a un Rabino Ortodoxo.

-El tipo de líquido que contiene: Para separar jala, la mayoría del líquido que contine la masa debe ser agua. Si la mayoría de los líquidos que contiene la masa vienen de aceite, huevos, miel, etc. separamos jala pero sin decir la bendición, siempre y cuando la masa contenga un poquito de agua. Si la receta no lleva agua, según nuestras leyes debemos agregar aunque sea una gota para poder separar jala sin bendición.

- La cantidad de harina: La cantidad de harina nos dirá si separamos la jala con o sin braja (bendición). Esto depende del peso de la harina: Cuando la cantidad de harina que usamos es menor que 1.230 gramos no necesitamos separar jala.

Cuando la cantidad de masa está entre 1.230 gramos y 1.666 gramos, separamos jala pero no decimos la bendición.

Cuando la harina es mayor que 1.666 gramos separamos jala y decimos la bendición.

La jala se separa luego de que la harina y el líquido han sido bien mezclados, cuando la masa esta completa y antes de ser dividida y formada. Entonces decimos la siguiente bendición:

BARUJ ATA ADO - NAI ELOEINU MELEJ AOLAM ASHER KIDESHANU BEMITZVOTAI VETZIVANU LEAFRISH JALA.

BENDITO ERES TU, AMO NUSTRO D-S, REY DEL UNIVERSO, QUE NOS HA SANTIFICADO CON SUS MANDAMIENTOS Y NOS HA ORDENADO SEPARAR LA JALA.

Removemos entonces un pedazo de la masa del tamaño de un huevo aproximadamente y la envolvemos en un pedazo de papel aluminio. Como hoy en día no se la podemos dar a los Cohanim, la quemamos en el horno o broiler preferiblemente sola, osea no al mismo tiempo que cocinamos el pan.

Si por casualidad olvidamos separar el jala, antes de consumirlo, debemos tomar lo que cocimos, lo cubrimos con un paño y cortamos un pedazo de uno de los panes diciendo la bendición.

Indice

A

ALBÓNDIGAS AGRIDULCES, 102
ALBÓNDIGAS DE ATÚN, 72
ALBÓNDIGAS DE GUEFILTE FISH CON
    SALSA AGRIDULCE, 73
ALBÓNDIGAS DE PORRONES CON CARNE,
    103
ALBÓNDIGAS VEGETARIANAS, 104
ALMODROTE DE BERENJENAS, 125
ARENQUES A LA RUSA, 33
ARENQUES MARINADOS, 34
ARROZ CHINO, 128
ARROZ CON ALMENDRAS Y PASAS (I), 123
ARROZ CON ALMENDRAS Y PASAS (II), 131
ARROZ CON AZAFRÁN, 131
ARROZ CON BRÓCOLI Y MANÍ, 132
ARROZ CON POLLO, 85
ARROZ TURCO, 122
ASADO AGRIDULCE, 106

B

BABAGANUSH (I) (CREMA DE BERENJENA),
    37
BABAGANUSH (II), 46
BAKLAVA (I), 144
BAKLAVA (II), 144
BASE PARA TARTALETAS (I), 145
BASE PARA TARTAS (I), 225
BASE PARA TARTAS (II), 145
BASE PARA TARTAS (III), 146
BEEF BURGUNDY, 107
BEEF CON PIMENTONES VERDES, 108
BEIGALEJ, 211
BERENJENA A LA PARMESANA, 193
BERENJENA CON TOMATES, 132
BERLINES, 178
BLINTZES, 212
BLINTZES DE CHAMPIÑONES, 194
BLINTZES DE QUESO, 195
BOLITAS DE CARNE AGRIDULCES, 109
BOLITAS DE MANTEQUILLA DE MANÍ, 146
BOLITAS DE MATZÁ CON CEBOLLA, 212
BORRECAS (I), 55
BORRECAS (II), 56
BRAZO DE REINA, 147
BROWNIES (I), 147
BROWNIES (II), 148

BROWNIES BLANCOS, 149
BROWNIES DE PESAJ, 210
BUDÍN DE ARROZ, 203
BUÑUELOS, 213

C

CARNE CON SALSA DE CHAMPIÑONES, 110
CAZUELA DE PORRONES Y TOMATES, 125
CAZUELA HUNGARIANA, 111
CEBOLLAS RELLENAS, 101
CEVICHE, 80
CHAMPIÑONES AL AJILLO, 50
CHAMPIÑONES CON QUESO, 214
CHOLENT (I), 112
CHOLENT (II), 112
CHOLENT SEFARDÍ, 113
COCADAS, 149
COLESLAW, 34
COSTILLAS AGRIDULCES, 105
CREMA DE BERENJENA, 43
CREMA DE PALTA, 38
CREMA DE VEGETALES, 31, 190
CREMA DE ZANAHORIA, 27
CREMA PASTELERA, 150
CROISSANTS, 205
CROQUETAS DE ATÚN CON PAPAS, 73
CRUTONES, 54
CUADRITOS DE MERMELADA, 150

D

DULCES DE MAZAPÁN, 151

E

EMPANADAS ÁRABES, 57
ENSALADA CESAR (I), 40
ENSALADA CÉSAR (II), 40
ENSALADA COCHA, 41
ENSALADA DE ATÚN (I), 42
ENSALADA DE ATÚN (II), 42
ENSALADA DE BERENJENA (I), 43
ENSALADA DE BERENJENA (II), 44
ENSALADA DE PASTA, 32
ENSALADA DE PASTA AGRIDULCE, 38
ENSALADA DE PEPINOS, 46
ENSALADA DE PIMENTONES ROJOS, 47
ENSALADA DE POLLO, 47
ENSALADA DE REPOLLO, 34

ENSALADA DE ZANAHORIAS, 48
ENSALADA DEENA, 48
ENSALADA RUSA, 49
ENSALADA WALDORF, 49
ESCALOPAS DE POLLO, 97
ESPAGUETIS, 196

F

FALAFEL (I), 36
FALAFEL (II), 36
FLAN, 152
FRICASSÉ DE POLLO, 86
FRITURA DE MATZÁ, 215
FRITURAS DE AJOPORRO, 126
FRITURAS DE CAMOTE CON JENGIBRE, 133
FRUTAS CON JALEA Y CREMA, 152

G

GALLETAS CON CHIPS DE CHOCOLATE (I),
153
GALLETAS CON CHIPS DE CHOCOLATE (II),
154
GALLETAS CUBIERTAS CON CANELA, 154
GALLETAS DE AZÚCAR, 155
GALLETAS DE MANTEQUILLA DE MANÍ, 156
GALLETAS SIMPLES, 156
GUACAMOLE, 37
GUEFILTE FISH (I), 74
GUEFILTE FISH (II), 75
GUEFILTE FISH (III), 76
GUEFILTE FISH AL HORNO (I), 76
GUEFILTE FISH AL HORNO (II), 77

H

HAMANTASHEN U OZNEI HAMAN (I), 157
HAMANTASHEN U OZNEI HAMAN (II), 163
HAMBURGUESAS VEGETARIANAS, 127
HELADO (I), 157
HELADO (II), 158
HELADO DE AGUA, 159
HELADO DE CHOCOLATE, 159
HELADO DE LUCUMAS, 160
HOJAS DE PARRA RELLENAS FRÍAS, 51
HUEVOS CON CEBOLLA, 50
HUMUS, 52

I

INTRODUCCION, 9

J

JALÁ, 61
JALA CON PASAS, 62
JALA DE AGUA, 63
JALÁ INTEGRAL, 64
JAROSET (I), 215
JAROSET (III), 217
JAROSET ISRAELÍ, 217
JAROSET YEMENITA, 217
JAROSET(II), 216
JATZILIM (I), 44
JATZILIM (II), 45
JREIN, 39
JREIN CON REMOLACHAS, 52
JREMZLEJ DE MATZÁ, 218
JREMZLEJ RELLENO, 219

K

KASHE, 134
KISHKE (I), 135
KISHKE (II), 135
KNEIDLEJ, 219
KNISHES DE PAPA, 60
KRÉPLAJ, 65
KUGUEL DE BRÓCOLI O COLIFLOR, 134
KUGUEL DE CHOCLO, 136
KUGUEL DE ESPINACA, 123
KUGUEL DE FARFEL, 214
KUGUEL DE MANZANA (I), 220
KUGUEL DE MANZANA (II), 220
KUGUEL DE PAPAS (I), 127
KUGUEL DE PAPAS (II), 133
KUGUEL DE ZANAHORIA, 221
KUGUEL DE ZANAHORIAS, 136

L

LA SEPARACION DEL JALÁ, 230
LAJMAGINE DE CARNE, 58
LAJMAGINE DE ESPINACA, 59
LATKES DE PAPA, 137
LATKES DE QUESO, 196
LEIKAJ O TORTA DE MIEL, 160
LOKSCHEN DE MATZA, 221
LUMPIAS, 130

M

MA'AMOUL, 161
MANDLEJ, 65

MANJAR, 204
MASA DE HOJALDRE, 162
MASA PARA PIZZA, 66
MASA PARA PIZZA (I), 199
MASA PARA PIZZA (II), 199
MATZÁ MANDLEJ, 222
MATZO BREI, 211
MINA DE ACELGA, 222
MINA DE CARNE, 223
MINA DE PUERRO, 223
MOUSE DE SALMÓN, 83
MOUSSE DE ATÚN, 82
MOUSSE DE CHOCOLATE (I), 162
MOUSSE DE CHOCOLATE (II), 163

O

ORIZA, 113

P

PALMERITAS, 164
PAN ÁRABE, 66
PAN DE CARNE, 114
PAN DE PÉSAJ, 224
PANQUEQUES, 201
PANQUEQUES DE HARINA DE MATZÁ, 224
PANQUEQUES DE MATZÁ DULCE, 225
PASTA DE "HIGADO" PARVE, 32
PASTA PRIMAVERA, 202
PASTEL DE ATÚN, 78, 202
PASTEL DE CARNE CON BERENJENA (I),
    100
PASTEL DE CARNE CON BERENJENA (II),
    114
PASTEL DE ESPINACA, 124
PASTEL DE MERENGUE, 164
PASTEL DE PAPAS CON CARNE, 115
PASTELES DE VEGETALES, 35
PASTELITOS LIBANESES DE ESPINACA, 198
PATÉ DE HÍGADO, 53
PESCADO A LA ITALIANA, 84
PESCADO AL HORNO, 79
PESCADO CON CILANTRO ESTILO
    MARROCANO, 81
PESCADO CON SALSA DE MOSTAZA, 78
PESCADO MARROQUÍ, 84
PESCADO PICANTE CON SALSA DE
    TOMATE, 80
PESCADO SEFARADÍ, 72
PESCADO TERIYAQUI, 82
PIE DE CHOCOLATE CON CREMA, 165

PIE DE CIRUELAS, 165
PIE DE FRUTAS CON CREMA, 166
PIE DE MANZANAS, 167
PIE DE NUECES, 167
PITA, 66
PIZZA EXTRA FÁCIL, 200
PIZZA -MASA, 199
PIZZA, SALSA DE TOMATE, 201
POLLO A LA MARROQUÍ, 86
POLLO AGRIDULCE (I), 87
POLLO AGRIDULCE (II), 87
POLLO AGRIDULCE ESTILO CHINO (I), 88
POLLO AGRIDULCE ESTILO CHINO (II), 89
POLLO AL ESTILO HAWAIANO, 90
POLLO AL ESTILO ISRAELÍ, 91
POLLO CON APIO, 92
POLLO CON BRÓCOLI AL ESTILO CHINO, 92
POLLO CON CEBOLLA Y CIRUELAS, 93
POLLO CON JUGO DE NARANJA, 94
POLLO CON MANZANAS Y MIEL, 94
POLLO CON MOSTAZA, 95
POLLO CON SALSA DE DAMASCOS, 95
POLLO FRITO EN EL HORNO, 96
POLLO RELLENO, 96
POLLO RELLENO CON DAMASCOS, 98
POLVOROSAS, 168
POLVOROSAS DE NUECES, 168
POR QUÉ OBSERVAR LA KASHRUT?, 10
POSTRE DE LIMÓN, 169
PUDIN DE CHOCOLATE, 187
PUDÍN DE CHOCOLATE, 206

Q

QUEQUE BLANCO ALEMÁN, 207
QUEQUE BLANCO CON CREMA, 169
QUEQUE BLANCO Y NEGRO (I), 170
QUEQUE BLANCO Y NEGRO (II), 171
QUEQUE DE MERMELADA, 226
QUEQUE DE NARANJA, 172
QUEQUE DE PÉSAJ, 226
QUEQUE DE ZANAHORIA, 172

R

RATATULI, 138
RELLENO DE LIMÓN, 179
RELLENO DE TORTA DE LUCUMA, 160
RELLENO PARA POLLO DULCE, 98
RELLENO PARA POLLO SALADO, 99
REPOLLO MORADO AGRIDULCE, 129
REPOLLO RELLENO CON CARNE, 116

RODAJAS DE PAPAS CON CEBOLLA, 126
ROLLITOS DE MERMELADA, 173
ROLLITOS PRIMAVERA, 130
ROLLOS DE CHOCOLATE, 174
ROSQUITAS FRITAS, 174
RUGALAJ O ROLLOS DE CHOCOLATE, 175

S

SALSA BECHAMEL PARVE, 53
SALSA CÉSAR, 41
SALSA DE TOMATE PARA PIZZA, 201
SEMBUSSAK DE CARNE, 67
SEPARACION DEL JALÁ, 230
SHNITZELS, 97
SOPA DE BERROS, 26
SOPA DE CEBOLLA, 191
SOPA DE CHAMPIÑONES, 192
SOPA DE COLIFLOR, 27
SOPA DE HABAS, 28
SOPA DE LENTEJAS (I), 29
SOPA DE LENTEJAS (II), 30
SOPA DE PAPAS, 30
SOPA DE POLLO (I), 28
SOPA DE POLLO (II), 31
SOPA DE PORRONES, 26
SOPA FRANCESA DE TOMATE, 29
SORPRESAS DE CHOCOLATE, 176
STRUDEL DE MANZANA, 176
SUFGANIOT (II), 178
SUFGANIOT O BERLINES (I), 177

T

TABLA DE CONVERSION DE MEDIDAS, 229
TABLA DE SUBSTITUCION DE
   INGREDIENTES Y MEDIDAS, 228
TABULE, 54
TARTALETA DE PIÑA, 178
TISHPISHTI, 179
TOMATES MARINADOS, 33
TOMATES RELLENOS, 117

TORTA BLANCA CON CREMA, 180
TORTA DE CHOCOLATE, 181
TORTA DE CHOCOLATE CON CREMA, 183
TORTA DE CHOCOLATE CON MAYONESA,
   182
TORTA DE CHOCOLATE EN CAPAS, 227
TORTA DE DAMASCOS, 184
TORTA DE ESPINACA CON MATZÁ, 227
TORTA DE MANZANA, 185
TORTA DE MANZANA (PESAJ), 210
TORTA DE PAPA CON CHAMPIÑONES Y
   ESPINACA, 139
TORTA DE PIÑA, 185
TORTA DE QUESO (I), 203
TORTA DE QUESO (II), 204
TORTA DE QUESO (III), 206
TORTA DE QUESO (IV), 207
TORTA MARBLE, 186
TZIMES DE BATATAS, 140
TZIMES(I), 139
TZIMES(II), 140

V

VERENIKES, 68

Y

YAHNI, 103
YERUSHALMI KUGUEL, 128

Z

ZANAHORIAS ACARAMELADAS, 124
ZAPALLITOS ITALIANOS A LA PARMESANA,
   197
ZAPALLITOS RELLENOS, 118
ZAPALLO ITALIANO CON CHAMPIÑONES,
   122
ZAPALLOS EN SALSA DE TOMATE, 141
ZCHUG YEMENITA, 39